「ひとりが好きな人」の上手な生き方

THE THRIVING INTROVERT

ティボ・ムリス
弓場隆［訳］

Discover

巻頭のメッセージ

あなたは雑談が苦手だろうか？

電話に出るのがおっくうだろうか？

招かれたパーティーを、なんとかして欠席したいと思っていないだろうか？

もし心当たりがあるなら、おそらく「内向型人間＝ひとりが好きな人」ということになる。

しかし、心配はいらない。あなたは変わり者でもなければ、どこかに問題があるわけでもない。むしろ、社会から必要とされる優れた資質に恵まれている。

内向性を才能として社会のために役立てるいちばん良い方法は、自分のそういう性格を適切に評価することだ。

次の各項目について考えてみよう。
- 内向性について学び、それが自分の人生にどういう影響を与えるかを知りたい。

・「人前でもっと話せ」「もっと外向的になれ」「社交の場にもっと出ろ」と言われることにうんざりしている。
・自分の内向的な性格を全面的に受け入れたい。
・内向的な性格を活かして、公私ともに充実した人生を送りたい。
・社交の場で苦労せず、上手に人と接したい。
・気まずさや後ろめたさを感じずに、なるべく早くパーティーから立ち去りたい。
・あるがままの自分に自信を持ち、内向型としてうまく生きていきたい。

以上の項目のどれかに該当するなら、本書はあなたのために書かれている。

本書の目的

本書には、私自身がもっと若いときに読みたかったことが書かれている。当時、こんな本にめぐり合えたらどんなによかったか、とつくづく思う。

正直に言うと、私は数年前まで、内向性とはどういう意味なのかよく知らなかった。それについて学んだのは、能力開発に興味を持つようになってからだ。

もしそういう機会がなかったら、自分の内向的な性格と、それが人生におよぼす影響について無知なまま生涯を終えることになったかもしれない。

悲しいことに、これは多くの人に当てはまる。たとえ内向性について理解しているつもりでも、たいていあいまいな認識である。そのために、内向的な性格に合った人生設計をすることができない。それどころか、私たちは内向的な性格を恥じていて、自分を責めがちだ。

内向性に関する良書はたくさんあるが、人生を再設計するための実用的な方法をあまり教えてくれていない。そういう本を読むと、そのときは元気が出たり勇気がわいてきたりするかもしれないが、具体的な行動計画が提示されていないので、次に何をすればいいのかわからずじまいになる。

さらに具合の悪いことに、それらの本は、外向型のように振る舞うことをすすめる傾向があるので、読んでいるうちに自分には重大な欠陥があると思い込んでしまいやすい。

本書の目的は、内向性について解説し、内向型として本来の生き方ができるように実用的なエクササイズを紹介することである。ときには率先してリーダーシップをとるように提案することもあるが、「外向型のように振る舞うべきだ」と言うつもりはまったくない。

内向的な性格を活かして社会に最大限の貢献をし、できるだけ幸せになってほしい。それが私の願いである。

本書の目的をより具体的に説明しよう。

- 内向性に対する理解を深めるのを手助けする
- 自分の内向的な性格を素直に受け入れ、気まずさや恥ずかしさといったネガティブな感情を取り除くように働きかける
- 自分の内向的な性格についてじっくり考える機会を与える
- 内向型人間に特有の資質を活かして、組織や社会の役に立つように励ます
- 人生を再設計するために具体的な行動をとるようにうながす

時間が貴重なものであることを理解しているので、なるべく簡潔で実用的な内容になるように工夫した。本書が読者のみなさまのお役に立つことを願ってやまない。

ティボ・ムリス

「ひとりが好きな人」のための10の指針

1 **静かに過ごす時間を大切にする。**とくに言うべきことがないときや、話をしたくないときは、黙っていてもかまわない。

2 **エネルギーを補充するために休憩をとる。**精神的な疲れを感じたら、しばらくひとりきりになれる場所で英気を養う。

3 **自分の求めているものを相手に伝える。**自分の気持ちを周囲の人に伝え、ひとりで過ごす時間が必要であることを説明する。

4 **遠慮なく「ノー」と言う。**エネルギーを消耗しそうな集まりや提案には、気がねせずにきっぱり断る。

5 **自分に思いやりを持つ。**人前でうまく話せなくても自分を責めるのではなく、「けっして能力が劣っているわけではない」と自分に言い聞かせる。

6　**少数の人との純粋な関係に価値を見いだす。**　いろいろな人とたわいのない話をするより、気の合うわずかな人と深い話を楽しみながら有意義な関係を築く。

7　**大好きなことに情熱を注ぐ。**　ひとりでいるときでも真心を込めて物事に打ち込み、ワクワクすることを追求する。

8　**内向的な性格を強みとして活かす。**　内向的な性格を長所とみなし、そういう性格を活かして、より大きな成果をあげるように努める。

9　**臆せずに行動を起こす。**　内向型とはいえ、いつも自分の殻に閉じこもっているのではなく、積極的に行動することによって成長を遂げる。

10　**ひとりの時間を上手に使う。**　ひとりで過ごす時間を最大限に活用し、すでに持っているスキルに磨きをかけたり、新しいスキルを身につけたりして、目標の達成をめざす。

第1章 内向性を正しく理解する

第2章 内向型であることを受け入れる

第3章

内向的な性格を最大限に活かす

第4章

内向型の本来の力を発揮する

第5章

内向型人間の可能性を追求する

第1章

内向性を正しく理解する

内向型人間とはどういう人かは明らかである。自分の内面を見つめることを好む個性豊かな人びとの集まりだ。私たちは思索によってエネルギーに満ちあふれ、外向的な活動よりもアイデアにワクワクする。会話をするとき、相手の話をよく聞くし、相手にも同じことを期待する。私たちはまず考えてから話す。文章を書くことに興味があるのは、誰にも邪魔されずに自分を表現できるからだ。内向型人間はこんなふうにコミュニケーションをとるのが好きだし、脳の働きですら、外向型人間とは違っているようだ。

——ローリー・ヘルゴー（アメリカの心理学者、ニューヨーク市立大学教授）

「内向性」とはどのようなものかを知る

じつを言うと、私は外向的になりたいとずっと思っていた。若いころ、パーティーに行って明るく振る舞い、新しい人たちとの出会いを楽しみたかった。パーティーの人気者になりたいと思ったこともある。外向的な性格ならどんなに多くの友人をつくり、どんなに人気者になれるだろうと想像をふくらませたものだ。当時、外向型の人たちをうらやんだし、今でもそういう気持ちがまだ少し残っているかもしれない。

面白い人になるために、できるかぎり努力したつもりだが、いつも5分もたたないうちにあきらめた。雑談を続けるだけのエネルギーが自分にはなかったからだ。そこで、なるべく目立たず、人前で言葉を発しないように気をつけた。

そんなわけで、他人と会っても、ほとんど何も言わないことがよくあった。異性といるときは、とくにそうだった。本をたくさん読んでいて豊富な知識があり、ユーモアのセンスも結構あるつもりなのだが、どういうわけか、パーティーではじつに退屈な人間になってしまうのだ。

パーティーから帰ると、すっかり落ち込むことがたびたびあった。人前でもっとうまく立ち回り、もっとカリスマ性を磨いて魅力を振りまき、もっと気のきいたことを言わなければならないといつも痛感していた。きっと自分は社会生活を営むには不適格なのだと悲観したものだ。

さんざん悩んだ挙句、「もっと面白い人になる方法」というキーワードで検索したこともあった。

以上の点について、あなたも心当たりがないだろうか？

私は社交性に欠ける自分を激しく責めたものだが、たいてい疲れのせいにした。外向型の人たちがにぎやかな場で上手に会話するのを見て、反感を抱くようにもなった。自分がパーティーの人気者になるのはほぼ不可能だったが、それを認めることができなかったのだ。この心理は、自分の本当の性格を受け入れたくないあまりに、防衛本能が働いたのかもしれない。

当初、私は自分の問題が自信のなさや、ぎこちない自己主張、リーダーシップの欠如によるものだと思っていた。たしかにそれはある程度正しかったが、それだけではなかった。

当時の私は、内向性についてよく理解していなかったのだ。外向的な性格が標準とされる世の中で、内向的な性格を直そうとやっきになっていた。それは不可能な課題だったが、その事実に気づくまでにかなりの時間を要した。

ここまで読んで自分もそうだと思ったら、次のエクササイズで内向性の度合いを調べてみよう。

エクササイズ

10段階評価（1が最低で、10が最高）で、次の各項目について調べてみよう。

1　雑談は苦手だが、深い話は楽しい。
2　長時間、パーティーで過ごすと疲れる。
3　自分の発言は有意義な内容でなければならないと思っているので、自由気ままに話すのをたいてい控えている。
4　グループで話すよりも一対一で話すのが好きだ。
5　エネルギーを補給するためひとりで過ごす必要がある。
6　話す前にじっくり考える。
7　グループでいるときは考えることが難しいが、ひとりでいるときは、じっくり考えることができる。
8　話し手になるより聞き手になることが多い。
9　話の途中でさえぎられるのは非常に気分が悪い。
10　他人と意見が対立するのはすごく嫌だ。

内向性の「定義」を知る

一般に、外向型の人は、内向型の人とはどのようなものかを理解していない。一方、内向型の人にとっても、外向型の人を理解するのは容易ではない。

しかし、**本当の問題は、内向型の人が自分をよく理解できず、自分には欠陥があると思いがちなことだ。**これは不正確な考え方なのだが、内向性の本来の定義からすると、仕方がないのかもしれない。私は数冊の辞典で「内向性」という単語を調べたとき、そのネガティブな説明に愕然とした。

次の定義を読むと、あなたもショックを受けるに違いない。ただし、本書でそれらの間違いを徹底的に指摘していくから、けっして気にする必要はない。

- 「心理学辞典」では、内向性は「引っ込み思案で、他者との関係を避け、現実から逃避しがちな気質」と定義されている。
- ウェブスターの「ニューカレッジ辞典」では、内向性は「自分の精神世界にだけ関心がある心理的傾向」と定義されている。

- ウェブスターの「ニューワールド同義語辞典」には、内向性の最もネガティブな定義が掲載されている。それによると、内向型の人は「自分のことばかり考えている人」で、「エゴイスト、ナルシシスト、一匹狼」と同じ意味だという。

以上の定義から判断すると、どうやら内向的な性格はあまり素晴らしいものではなさそうだ。実際、どの辞典を見ても、内向性はかなり悪いことのように書かれている。

そこで、こんな疑問が思い浮かぶ。

- なぜ内向型と外向型はこんなにも違うのか？
- 内向型の人が外向型のようになることは可能か？
- 内向型の人が外向型のように振る舞うべき理由はあるか？

エクササイズ

あなた自身の内向性とはどんなものか。その定義を書いてみよう。

内向性は遺伝の影響を受けるか？

内向性と外向性のどちらになるかは、遺伝によってかなり決まっているようで、変えることはできない。それは自分らしさの一部なのだ。とはいえ内向型の人が外向型のように振る舞うことはできるし、その逆も可能だが、いつまでも続けられるわけではない。内向型の人は本来の状態に戻ってエネルギーを補充する必要がある。

内向型の人が外向型の人と違うのは、精神的エネルギーの生産と消費の方法である。外向型の人は外界から多くの刺激を必要としている。もしそれが得られなければ、エネルギーが消耗し、退屈や孤独、疲労を感じるようになる。

一方、内向型の人は外界の刺激をあまり必要とせず、社交の場で過ごす時間はエネルギーの消耗につながりやすい。そのため、内向型の人はなるべく社交の場から身を遠ざけ、自分らしく振る舞うためにひとりで過ごすようになる。

ただし、内向性は「恥ずかしがり」と同じではない。これは内向型の人が理解しておくべき事実だ。このふたつには関連性があるが、別々である。内向型の人が恥ずかしがりとはかぎらない。逆に、外向型の人が恥ずかしがりなこともあり、その場合はとくにフラストレーションがたまりやすい。外向型で恥ずかしがりな人は、いろいろな人とおしゃべりをしたくても、それができないからだ。

恥ずかしがりな性格については、あとで詳しく説明しよう。

内向型は外向型より外部の刺激を受けやすい

外向型の人が外界からの刺激をたくさん必要としているのには、科学的な理由がある。外向型の人は内向型の人より神経伝達物質ドーパミンに敏感なのだ。実際、外向型の人と内向型の人では、優勢な神経伝達物質が異なる。**内向型の人はアセチルコリンを主な神経伝達物質として使い、外向型の人ではドーパミンがその役割を果たす。**アセチルコリンは思考と感情を通じて生産され、集中力を研ぎ澄まし、記憶力を改善し、幸福感を高める。したがって、内向型の人は思考、観察、熟慮に時間を使うことによって、自分を刺激することができるのである。

一方、**外向型の人は、より多くのドーパミンを生産する必要があり、そのためには**

たいていアドレナリンが必要になる。活動を増やすことと刺激を求めることは、どちらもアドレナリンを増やすのに効果的な方法だ。ドーパミンとアドレナリンが必要になるのは、外向型の人が内向型の人より大きなリスクをとりたがる主な理由である。リスクをとることは、外向型の人に必要な刺激を与えてくれる。彼らはひとりでいると退屈しやすい。その結果、**外向型の人は刺激があまり得られないと、内向型の人より集中力を失いやすく、気分が沈みがちになる。**

異なる神経伝達物質の使用が内向型の人と外向型の人の違いを説明できることについて、マーティン・レイニー博士は次のように述べている。

「私の見解では、神経伝達物質が神経経路を通過することと、それが自律神経系の各部位にどのようにつながっているかが、気質の謎を解く大きなカギになる。外向型の人はエネルギーを消費するドーパミンとアドレナリンといった交感神経系と深いかかわりがあるのに対し、内向型の人はエネルギーを保存するアセチルコリンという副交感神経系と深いかかわりがある」

別の実験では、内向型の人は外向型の人より外部の刺激を受けやすいことがわかった。この感受性の違いが、騒がしい環境やにぎやかな場所に身をおくと、内向型の人が刺激を受けすぎるのに対し、外向型の人がますます活発になる原因である。

ドイツの心理学者ハンス・アイゼンク博士は１９６７年の実験で、被験者を内向型と外向型に分けて、それぞれのタイプの人たちにレモンジュースを飲ませ、唾液の分泌に違いがあるかどうかを調べた。すると博士の予想どおり、**内向型の人は外向型の人より多くの唾液を分泌し、内向型の人は感覚刺激に興奮しやすい**ことがわかった。

さらに別の有名な実験では、内向型の人と外向型の人が難しいワードゲームに参加するよう指示された。そのゲームは試行錯誤を通じて学習するものだった。参加者たちはノイズが流れるヘッドフォンの着用が義務づけられ、自由に音量を調整することが許された。

その結果、**外向型の人は平均75デシベルに、内向型の人は平均55デシベルに音量を調整した。興味深いことに、それぞれの状況のもとで、外向型の人と内向型の人は同じように刺激を受け、同じようにうまくプレーした。**

驚くべきことに、**外向型の人が内向型の人の選んだノイズレベルでゲームをすると、**

その逆のパターンもそうだが、両者のパフォーマンスが低下した。つまり、外向型の人は刺激が足りず、内向型の人は刺激が強すぎて、それぞれの本来のパフォーマンスを下回る結果につながったのである。

結局、**内向型の人は外向型の人より小さな刺激に反応しやすい**ということだ。私たちは内向型だから、比較的小さな感覚刺激のほうがうまく機能する。一方、外向型の人がうまく機能するためには、より多くの刺激にさらされる必要がある。

ただし、**外向型と内向型のあいだには、両方の性格を合わせ持つ「両向型」が存在する。**ほとんどの人は内向型と外向型のふたつしか選択肢がないと思いがちだが、実際には、このふたつは程度の差こそあれ、長い物差しの両端にある。

あなたはこの物差しのどのあたりに自分を位置づけるだろうか？

自分のエネルギーを上手に管理する

これから紹介するリトル博士は、内向型人間の代表例だ。彼のエピソードは、なぜ私たちが自分のエネルギーをうまく管理する方法を学ばなければならないかを教えてくれる。

ブライアン・リトル博士はハーバード大学とケンブリッジ大学の心理学教授をつとめ、教育者として数々の栄えある賞を受賞した人物である。学生たちからもたいへん慕われ、講義はほとんどいつも総立ちの拍手で締めくくられた。授業中はよく歌やジョークを交えていた。

いかにも外向的なように見えるだろう。だが、本当はそうではなかった。リトル博士は典型的な内向型人間だったのだ。実際、講義がないときは、カナダの森の中にある自宅で、読書と執筆と作曲をして過ごしていた。

ある日、リトル博士はカナダ王立軍事大学を訪問し、将校たちの前でスピーチをしたところ好評で、それ以来、毎年招待されることになった。

ただし、問題がひとつあった。スピーチが終わると、昼食会に誘われたのだ。それはリトル博士にとって「ありがた迷惑」だった。午後、もうひとつの講義があり、そのためにひとりきりで過ごす時間が必要だったからだ。

そこで、博士は妙案を思いついた。船のデザインに興味があるふりをして、「船を観察するために近くの川沿いを散策したい」と申し出たのだ。昼食会の誘いをうまく断われて、ほっと胸をなでおろしているリトル博士の様子を想像してほしい。

博士はその後も毎年、スピーチが終わると、エネルギーを補充するために川沿いを散策した。ところがある日、会場が別の場所に移された。博士は困惑した。しばらく休憩をとるための静かな場所をどうやって確保すればいいか。そこでリトル博士は「非常手段」として洗面所を使うことにした。洗面所にバリケードを張って、他の人たちと接するのを避けたのだ。

あなたはこの話についてどう思うだろうか？

リトル博士のこのエピソードは、内向型の人でも、しばらく外向型のように振る舞うことができるが、ときおりエネルギーを補充する必要があることを示している。したがって、あなたがスピーチをしたり、SNSでライブをしたり、ネットワークのイベントに出かけたりするときは、うまく工夫をしてエネルギーを補充する時間を予定に入れるといいだろう。

内向型の人の主な特徴

内向型の人によく見られる特徴を列挙しよう。あなたはいくつ当てはまるだろうか。

- エネルギーを補充するためにひとりで過ごしたがる
- 雑談が苦手で、深い話を好む
- 小人数の集まりを好む
- 話す前によく考える
- 重要なメッセージがないかぎり、話すのを避ける
- 話すよりも聞くことに重点をおく
- 情熱を感じるテーマになると、とてもよくしゃべる

・多くの人を広く知るより、少数の人を深く知りたがる
・自分の情熱と興奮をごくわずかな親しい人とだけ共有する
・幅広い話題よりも狭い範囲の話題について知りたがる
・ひとりきりで考える時間を必要としている
・話をさえぎられるのをひどく嫌う
・他人との争いごとをできるだけ避けようとする
・聴衆の前で話すときは入念に準備する必要があり、長時間話すのは苦手である

内向型人間に関するウソと真実

次に、内向型人間に関する4つのウソと真実を指摘しよう。

第1のウソ　内向型人間は治療する必要がある

内向性は精神障害ではない。2010年、医学界で内向性を「精神障害の診断と統計マニュアル」に加えようという提案があったが、却下された。**社会生活を営むのが**

困難なぐらい内向的でないかぎり、心配する必要はまったくない。

第2のウソ　内向型人間は社交術に欠ける

社交術は学習できるから、極端に恥ずかしがりでないかぎり、内向型の人は外向型の人と同じくらいスムーズに他人とコミュニケーションをとることができる。**内向型の人はたいてい聞き上手だから、コミュニケーションに関しては外向型の人よりむしろ有利だと言える。**

第3のウソ　内向型人間は他人のことを気にかけていない

内向型の人は他人に興味を持っているし、他人のことをたいてい気にかけている。だからこそ、たわいのない雑談を避けようとするのだ。**内向型の人は相手をより深く知りたがるのである。**

ローリー・ヘルゴー教授が言っているように、**内向型の人が雑談を嫌うのは、他人を嫌っているからではなく、雑談をすると、ささいなことで意見が衝突して相手とのあいだに壁ができやすいので、それを嫌っているのだ。**まさに言い得て妙である。

第4のウソ　内向型人間は他人と話したがらない

大人数の集まりではそうかもしれないが、少人数の集まりや一対一の状況では、内向型の人はすすんで話す（しかも、たくさん話したがる）。その話題についてよく知っていたり、共感したりしている場合はなおさらである。

私は大人数の集まりではあまり話さないが、1人か2人の友人と一緒にいるときは、話し出すと止まらないことがある。「しゃべるのを控えよう」と自分に言い聞かせなければならないほどで、「ちょっとしゃべりすぎだよ」と友人に指摘されたことも何度かある。それはいつも私には意外で、「えっ、本当？　まったく気がつかなかった」と心の中で思っている。

ただし、内向型の人にはありがちなことだが、よくしゃべるかどうかは、相手をどれだけ知っているかによる。その場にいる人たちが5、6人を超えると、私はしゃべるのを控えるようにしている。

一対一の会話が私の最も好きなコミュニケーションのとり方である。なぜなら相手についてよく知ることができるからだ。たとえば、相手が何に情熱を感じているか、どんな価値観を持っているか、何を不安に思っているか、どんな夢を持っているか、といったことだ。

もちろん、世の中のすべての内向型人間について知っているわけではないが、これまで出会った内向型の人たちの大半は、そういう会話の仕方を楽しんでいる。

内向型の人と外向型の人は自己表現の方法が違う

外向型人間は内向型人間が苦しんでいると誤解しがちだが、内向型人間は問題を内面化し、物事を自分の中で処理しているだけである。一方、外向型人間は問題を外面化し、他人との交流の中で問題を処理しようとする。

ローリー・ヘルゴー（アメリカの心理学者、ニューヨーク市立大学教授）

内向型の人は物事を内面化する傾向がある。私たちは問題について考えるとき、他人と話し合うよりも、自分の頭の中で考えることを好む。**私たちは自分の問題を解決するために、他人と問題を共有して解決策を見つけるよりも、自分の内面を見つめることを好む。私たちは黙ってひとりで考えることができるときに最高の状態になる。**

だから会議の場でいきなり素晴らしいアイデアを出すことを求められても、たいていの場合、あまりいいアイデアを思いつかない。

それと同様に、**私たちは話す前によく考えるのが好きで、事前の通告なしで話をするのは苦手である。一方、外向型の人はまず話し、話しながら思考を研ぎ澄ます。どちらがいいというわけではなく、内向型の人と外向型の人では自己表現の方法が違うだけである。**

ともすると内向型の人は考えすぎる傾向があるが、たいていそのほうがうまくいくので、必ずしも直す必要はない。

「内向性」と「恥ずかしがり」は同じではない

多くの人は「内向性」と「恥ずかしがり」を区別できないようだが、このふたつは同じではないから区別することが重要だ。

内向性というのは、感情的なエネルギーを生産し、消費するやり方をさす。だからといって自信がないとか、他人と話すのが怖いというわけではない。もしそうなら、それは別の問題である。なぜなら、どんな性格の人でも、ときには自信不足や恐怖心で苦しむからだ。

内向型の人は深い話になると大いにしゃべるが、雑談をするのは疲れると感じるようだ。私たちはしゃべるのを求められているからしゃべるのではなく、伝えるべきことがあるときだけしゃべればいいと考えている。しゃべりたくないときに無理にしゃべろうとすると、内向型の人はすぐにくたくたになってしまう。外向型の人がたいてい好む、にぎやかな場所や明るい光、人混み、慣れない状況のような外部の刺激に対しても、内向型の人はすぐに疲れを感じるようだ。

私は内向型人間だが、「内向性」と「恥ずかしがり」を区別するのに時間がかかった。この数年間で自信がついてきて、自分がとくに恥ずかしがりではないことに気づいた。大人数でいるときや雑談をしたりするときに恥ずかしいとは必ずしも感じなくなったが、しゃべるだけのエネルギーがないときは、しゃべるのを避けている。

何らかの状況では、私はふだん持っているよりも多くのエネルギーを必要とする。まさにこれこそが、気軽に雑談ができない理由なのだ。恥ずかしがりだからではない。

私はこの数年で、「内向性」と「恥ずかしがり」の大きな違いに気づくようになった。
たとえば、パーティーに行っても、誰に話しかけたらいいかわからないことがよくある。多くの人と知り合う時間はないし、雑談は好きではない。結局、ごくわずかな人と一対一で会話をする（興味深い人と話すことができれば最高だ）か、何をしたらいいかわからないまま、あるグループから別のグループへとぎこちなく移動して疲れるか、どちらかである。もちろん、それは最悪のパターンだ。

内向型の人は他人と雑談をしてもエネルギッシュにならず、自分が情熱を感じる話題になったときに初めてエネルギッシュになる。

「内向性」と「恥ずかしがり」の違いを理解することの重要性は、いくら強調してもしすぎることはない。この違いがわかれば、自分が実際に恥ずかしがりかどうかを再確認できて、後ろめたさを抱く必要がなくなる。自信をつけることは難しいから、「内向性」と「恥ずかしがり」を混同することによって、それをさらに難しくする必要はない。そんなことをしても、変えることのできないものを変えようとするだけだから、時間と労力の無駄であり、結局がっかりすることになる。

他人と接して多くの時間を過ごしたあとで疲れを感じるのは異常ではない。恥ずかしがりだから疲れるのではない。単に内向的なだけで、それは何らおかしなことではない。

準備をせずに会議で話せなくてもいい。周囲の人が即興で見事なスピーチをして天才のように見えてもいい。あなたはその人たちより劣っているわけではないのだから。

大人数の集まりで明晰に考えられなくても、心配する必要はない。私はグループと一緒にいるとき、いいアイデアを思いついたり、深く考えたりするのは自分にとって非常に難しいことに気づいた。私はひとりきりでいるときにいちばんよく考えることができる。

雑談が苦手だからといって思い悩む必要はない。無口だという理由で周囲の人があなたを退屈だとかつまらないと感じたとしても、まったく気にする必要はない。

私が思うに、内向型の人が恥ずかしがりに見えやすいのは、他人と接することが苦手だからだ。その結果、内向型の人は外向型の人より他人と話す機会が少なくなる。

外向性は多くの国で標準とみなされている。内向型の人が世界の人口の約半数を占めているにもかかわらず、だ。不幸なことに、学校や職場は内向型の人のために設計されていない。内向型の人は「人前でもっとしゃべって、より社交的になるべきだ」と言われて生涯を送るから、たいていの場合、外向型の人ならめったに経験しない後ろめたさや低い自尊心に苦しむことになる。

とはいえ、内向性を理由に引っ込み思案にならないように気をつける必要がある。ときには自分の殻の外に出て、いろいろな人と交わってみるべきだ。

「内向性」と「恥ずかしがり」の区別が微妙であることを、私はよく理解している。これから1週間、人と接するときは、自分がどう感じているかに気づくために、次の3つの質問について考えてみよう。

① 人と話すのが恥ずかしいと感じているか、単に人と話したい気分ではないだけか、どちらだろうか?

② 人と話していると疲れるか、引っ込み思案なのか、どちらだろうか?

③ 一対一の会話のほうが快適に感じるか、何人と話し合うかに関係なく、恥ずかしいと感じるか、どちらだろうか?

会話の中で経験する感情を見きわめよう。自分の感情や振る舞いをたえず検証すると、「内向性」と「恥ずかしがり」の違いが浮き彫りになるはずだ。

エクササイズ

次のエクササイズをやってみよう。

- 自分の内向的な性格を言葉で表現する。（例　後ろめたい、不満を感じる）
- 内向性と恥ずかしがりを区別するために「なぜしゃべろうとしないのか？」と自分に問いかけ、その理由が恥ずかしがりだからか内向的だからかを見きわめる。
- 本書に何を期待しているかを書く。「なぜこの本を買い、何を学ぼうとしているのか？」と自分に問いかける。（例　パートナーとの関係を改善したい、人脈づくりがうまくなりたい、内向的な性格を受け入れたい）

第2章

内向型であることを受け入れる

内向型人間はふたつの世界に住んでいる。 私たちはときおり外の世界に出て他人とかかわるが、ひとりで過ごす内なる世界が心安らぐ我が家である。

——ジェン・グランネマン（アメリカの作家、社会運動家）

外向型のように振る舞う必要はない

内向型の人にとっては不幸なことに、私たちは外向型の人のために設計された世の中で暮らしている。外向性は正常な規範とされているので、内向型の人の多くはそれに合わせるのに苦労している。実際、外向的になるためにいくら努力しても、不満と疲労がたまるばかりだ。私たちはふだん周囲の人から「人前でもっと話せ」「もっと社交的になれ」「もっと活動的になれ」とさんざん言われるし、「冷淡で愛想が悪い」「よそよそしくて、とっつきにくい」「一緒にいると退屈だ」などと批判される。

しかしながら、**内向的な性格は欠点と見なされるべきではない。それは直すべきものでも恥じるべきものでもなく、誇りに思うべきものなのだ。**内向型の人は社会に大きな貢献をすることができる。前章で指摘したように、世界の人口の約半数が、程度の差こそあれ内向型だ。外向型の人たちばかりが注目され称賛されるので、彼らが世の中の多数派だと思われがちだが、それは真実ではない。

内向型の人はけっして無能な存在ではないから、社会の基準に合わせるために外向型のように振る舞う必要はない。数百万年の進化の末に、内向型の人が世界の人口の約半数を占めているとすれば、私たちが社会で果たすべき独自の役割があることは明白だ。それはとても重要な役割であり、軽視されるべきではない。数百万年におよぶ人類の進化は間違っていないのだ。

この章を読んで、自分の内向的な性格を受け入れ、後ろめたさや恥ずかしさ、不満を捨ててほしい。あなたは内向型として重要な役割を担っている。だが、それは外向型のように振る舞うことではない。そんなことをしても意味がない。

エクササイズ

次の質問に答えよう。

- 内向型人間にとって最大の課題は何か？
- それを解決するために何ができるか？
- 内向的な性格が人生にもたらす最も良い影響は何か？

内向性に関する思い込みを見直す

自分の思い込みを定期的に見直そう。思い込みは世の中を見る窓になる。ときおりそれをきれいにふいておかないと、光が差し込んでこない。

アラン・アルダ（アメリカの俳優、脚本家、監督）

誰もが人生について何らかの思い込みを持っている。物事はこうであるべきだという思い込みは誰にでもあり、自分がどう振る舞うべきかについても一定の信念を持っている。

あなたも内向型として、自分では気づいていない思い込みをたくさん持っている。それらの思い込みのせいで、自分の内向的な性格を受け入れられないかもしれない。そこで、少し時間をとって内向性に関する思い込みをすべて書いてみよう。

自分の振る舞いに関する期待は、不要な苦しみをもたらすおそれがある。自分は外向型のように振る舞うべきだと思い込んでいると、思ったとおりできなければ、自信を失ってしまう。ときには上手に振る舞えるかもしれないが、自分は内向型だと心の中で思っているなら、そんなふうに振る舞うのは不自然だ。いつも外向型のように振る舞うべきだと思い込んでいると、みじめな気分になるだけである。

自分の内向的な性格を受け入れる第一歩は、それに関して抱いているすべての思い込みを検証することである。それをすれば、抱いている思い込みの多くが間違っていることに気づくはずだ。あなたが抱いているかもしれない思い込みの具体例を挙げてみよう。

- 沈黙は気まずいから、それを避けるためにしゃべるべきだ。
- 金曜の夜は外出するべきだ。
- しゃべるときは面白いことを言わないといけない。
- しゃべっていないと退屈な人間だと思われる。
- 人と話すのが苦手なのは恥ずかしがりだからだ。
- 私はパーティーが好きではないから、どこかおかしいに違いない。

あなたはそんなに多くの思い込みを持っていないと思っているかもしれないが、実際には人生のさまざまな分野でたくさんの思い込みを持っている。たとえば、パーティーに対して持っている思い込みを検証してみよう。

- 私は相手の長話を聞き続けるべきだ。会話を途中で終わらせるのは失礼だ。
- パーティーの最中にひとりで散策に出かけるのは変だ。
- 私はもっとしゃべるべきだ。

- 口数が少なすぎると罪悪感を抱いてしまう。
- 私はパーティーを楽しまないといけない。
- パーティー会場では明朗快活に振る舞うべきだ。
- パーティーの最後まで残るべきだ。
- 私は面白いことを言うべきだ。
- 他の人たちは楽しんでいるのに、なぜ私だけつまらなそうにしているのか？

覚えておこう。**内向型の人は世界の人口の約半数を占めているから、あなたはパーティーが苦手な大勢の人たちのひとりにすぎない。**

エクササイズ

自分の内向的な性格に影響を与えている可能性のある思い込みを書いてみよう。

自分らしさをないがしろにしない

内向的な性格は直す必要があると思ってはいけない。あなたは自分らしく振る舞って生きていけばいい。

スーザン・ケイン（アメリカの教育者、著述家）

あなたは背が高いことや低いことについて謝るだろうか？　男性や女性であることについてはどうだろうか？　もしそれらのことについて謝らない（もちろん謝る必要はない）なら、なぜ内向的な性格について謝る必要があるのだろうか？

内向的な性格は自分の意思でどうにかなるものではない。あなたはひとりで過ごす時間を必要としていて、それは今後も変わらない。なぜならそれは脳の仕組みによるものだからだ。

あなたは一時的に外向型のように振る舞うことができるかもしれないが、ひとりで過ごす時間を必要としているという事実は変わらない。**内向型の人にとって、ひとりで過ごす時間を大切にしないことは、本来の性格に反して自分らしさをないがしろにすることなのだ。**

あなたに欠けているものはない

内向性について知っておくべき最も重要なことは、何かが間違っているわけではないということだ。物静かだからといって、欠陥があるわけではない。金曜の夜にパーティーに出かけず、ずっと家にいてもまったくかまわない。内向的であることは完全に正常なのだ。

ジェン・グランネマン（アメリカの作家、社会運動家）

内向型の人は何かが欠けていると思われがちだ。外向型の人に言わせると、私たちには社交性が欠けていることになる。彼らは私たちに「もっとしゃべるべきだ」「もっと人とかかわるべきだ」「もっと社交的になって人生を楽しむべきだ」などと言うが、それは自分の外向的な性格にもとづく価値観を押しつけているにすぎない。

外向型のように振る舞うために内向的な性格を直す必要はない。なぜなら何かが欠けているわけではないからだ。あなたは機嫌が悪いわけでもなく、奇妙な振る舞いをしているわけでもない。無理に外向的になろうとする必要はない。あるがままの自分を理解し大切にしさえすればいいのだ。

すべての人に対して社交的になる必要はない

「私は他人を嫌っているわけではない。ひとりでいるのが快適なだけである」

チャールズ・ブコウスキー（アメリカの作家、詩人）

私たちは社交的になるべきだと思い込んでいる。プライベートで電話がかかってきたら、電話に出るべきだと思い込んでいる。会話で沈黙を避けるために、面白いことを言うべきだと思い込んでいる。

だが、その必要はまったくない。あなたに社交性を要求する権利は誰にもないからだ。同意しないかぎり、貴重な時間を割くように要求する権利は誰にもないし、パーティーに行っても、誰ともしゃべる義務はない。「とても楽しかったですが、そろそろ帰らなければなりません。機会があれば、また会いましょう」と言って、いつでも会話を打ち切ればいいのだ。

あなたの時間を勝手に使う権利は誰にもない。あなたのかぎりあるエネルギーを勝手に使う権利は誰にもない。

こんなふうに考えてみよう。外向型の人が話しかけてくるとき、彼らはエネルギーを補充するために他人と接する必要があるから気分がいい。そういう意味で、あなたは彼らに「利用」されているのだ。しかし、彼らのために会話を続ける義務はない。それはあなたのエネルギーを奪うことになり、そんなことを押しつけてくる人はかなり利己的だ。あなたは外向型の人に対して、ずっと家で本を読むように押しつけるだろうか？　もちろん、そんなことはしないはずだ。

覚えておこう。**あなたは誰に対しても社交的である必要はない。あなたは人と接するとエネルギーが消耗しやすいタイプだから、誰とどれだけ話をするかを慎重に決めることが重要だ。**

無理にしゃべる必要はない

あなたは無理にしゃべる必要がない。いくらしゃべったところで、よりよい人間になれるわけではないのだから。

私はかつて、「もっとしゃべらなければ、よりよい人間になれない」と思い込んで苦しんでいた。常に何かを言う必要があるとプレッシャーを感じていたのだ。黙っているとき、自分は間違ったことをしていると悩んだものである。

最近、同僚たちとパーティーに参加していて、突然、会話が途切れた。そのとき、私はある人と一対一で会話をしていて、グループの会話に参加していなかったので、誰かが私に何かを言うように頼んだが、私は「とくに言うことはありません。沈黙が続いても気まずくありませんから」と言った。

おわかりのように、私はもう内向的な性格を恥じていなかった。だから後ろめたさを感じず、自信を持って、「とくに言うことはありません」と言うことができた。数年前なら、そんなことは言えなかったと思う。

驚くべきことに、多くの人が沈黙を恐れている。おそらく面白くない人間だと思われるのを恐れているのだろう。あるいは、内面を見つめるのを避けるために、意識を外界に向けているのかもしれない。しかし、たいていの場合、沈黙はすこぶる快適である。

自分の感じ方について謝る必要はない

あなたが言うことに対して誰かが反論することはできるが、あなたが感じていることに対しては誰も反論することはできない。あなたがどう感じるかは、完全にあなたの自由だ。したがって、もしパーティーの途中で疲れて家に帰りたくなったり、休憩をとりたくなったりしたら、遠慮なくそうすればいい。他人がなんと言おうと、あなたは自分のエネルギーの管理に責任を持つべきである。

恥ずかしさや後ろめたさを感じる必要はない

ひとりで過ごすことが不自然だとみなされ、それについて謝ったり、言い訳をしたり、まるで秘密の背徳を楽しんでいるかのように隠したりしなければならないとは、なんとおかしなことだろうか。

アン・モロー・リンドバーグ（アメリカの文筆家）

私たちはうまく会話ができないとかパーティーを楽しめないという理由で、恥ずかしさや後ろめたさを感じがちである。あなたはエネルギーが足りないことについて自分を責めるかもしれない。雑談に興じられないことやパーティーの人気者になれないことに不満を感じるかもしれない。

しかし、あなたの振る舞いには何ら問題はないし、外向型の人たちの振る舞いにも問題はない。あなたの内向的な感情と振る舞いはけっして奇妙ではない。**外向的であ**

るべきだと思い込んではいけない。恥ずかしさや後ろめたさにさいなまれるのではなく、常に自分らしさを追求すればいいのだ。

外向型の人たちをうらやむ必要はない

これは意外と難しい提案である。内向型の人の多くは外向的になりたいと思っているからだ。きっとあなたは、外向型の人がいともたやすく他人と接する能力を持っていることをうらやましく思っているのだろう。自分が外向的ならどんなに人気者になれるか想像しているのかもしれない。外向型の人に反感を抱いているのかもしれない。

じつを言うと、かつての私がそうだった。

最近、私はSNSでこんな投稿を見かけた。それには、「内向型の人は幸せになれない。なぜなら外向型の人をうらやんでいるからだ」と書かれていた。言うまでもなくナンセンスだ。

あなたは外向型の人がいつも幸せだと思い込んでいるかもしれないが、それは真実ではない。外向型の人はエネルギッシュになるために外部の要素（たとえば周囲の人）

に依存する度合いが大きい。おそらく彼らは幸せになるために他人の承認を得る必要があるのだろう。**外向型の人はひとりで過ごすことが苦手なので、すぐに孤独を感じやすい。一方、内向型の人はひとりで過ごしてもたいてい平気である。**

覚えておこう。自分が内向型だからといって、他人と交わったり上手に会話をしたりすることができないわけではない。それは十分に可能である。ただし、時間をうまく使ってエネルギーを補充する方法を工夫しなければならない。

内向型の人が不幸になりがちな主な理由のひとつは、自分らしさに対する理解がきわめて乏しいことにある。私たちは自分とは違うものになろうと頑張りすぎている。私たちは外向性に偏ったレンズを通して自分を見て、その間違った価値観にもとづいて自分を判断している。言いかえると、私たちの基本的な思い込みが間違っているのだ。前述したとおり、それは間違った期待につながり、不要な苦しみを生み出している。

エクササイズ

次の質問に答えよう。

- 自分の内向的な性格をどれくらいうまく受けとめているか？　それに対するネガティブな感情を書いてみよう。（例　うまくしゃべれないことに後ろめたさを感じる、親しくない人と雑談をすると疲れを感じる、など）
- 自分の内向的な性格に対するネガティブな感情を捨てるために、何ができるか？
- 自分の内向的な性格に対するポジティブな感情は何か？（例　家の中で過ごすのが好きだ、面白い本を読んでいると夢中になる、など）

第3章

内向的な性格を最大限に活かす

ひとりでいることと孤独を感じることでは大違いだ。大勢の人と一緒にいても、孤独を感じることもある。私はひとりでいるのが好きだし、ひとりで食事をするのが好きだ。たとえば夜、家に帰ると、ひとりで映画を見たり、犬と遊んだりして過ごしている。

——ドリュー・バリモア（アメリカの女優、映画監督、プロデューサー、実業家）

内向的な性格に合った一日の過ごし方について考える

あなたは日ごろ、エネルギッシュに過ごしているか、なんとなく疲れているか、どちらだろうか？

この章では、内向的な性格に合った一日の設計の仕方を紹介しよう。まず、自分の理想の一日を思い浮かべてほしい。それはどのようなもので、何をして、どんなふうに時間を過ごすだろうか？

本当は少人数の集まりが好きなのだが、現状では職場で多くの人と接しながら過ごしているかもしれない。あるいは、パートナーが友人をたびたび自宅に招くので、ひとりでゆっくりくつろぐのが難しいかもしれない。

しかし、今の生活については忘れて、自分の理想の一日がどのようなものかを思い描こう。

次の質問を参考にして、自分の理想の一日を書いてみよう。

- 内向型として完璧な人生を送っているとして、それはどんな一日で、何をして、誰と一緒に過ごし、どれくらいの時間をひとりで過ごすか？
- そのような生き方を妨げている要因は何か？
- そのビジョンに近づくために、今日できることをひとつ選ぶなら何か？

エネルギーの管理が幸せな人生のカギを握る

私は自分のエネルギーを誰に与えるかについて、かなり慎重を期している。自分の時間と情熱と心を大切にしているので、誠実な人たちにだけそれをささげたい。

ダウ・ヴォアール（アメリカの作家）

パーティーに長居しすぎて、ひどく疲れたことはないだろうか？

内向型として、自分のエネルギーを管理することは最大の課題のひとつである。十分なエネルギーがなければ、私たちは適切に機能せず、集中力が切れてしまう。さらに、ストレスを感じて不幸な気分にさいなまれる。内向的な性格について恥じたり後ろめたく思ったりする人もいるだろう。

自分のエネルギーの利口な使い方を学ぶことはきわめて重要だ。他人や何らかの状況のために自分のエネルギーをむやみに消耗させてはいけない。あなたは責任を持って、それをコントロールする必要がある。

友人たちは「楽しいからパーティーに来るべきだ」と言うかもしれないし、いったんパーティーに参加したら、「もっと長くいるべきだ」とプレッシャーをかけてくるかもしれない。おそらくそれは善意によるものだが、自分がどう感じているか、何をしたいかを知っているのは自分だけだという事実は変わらない。私は他人から指図を受けたくない。おそらく誰もがそうだろう。

早く帰宅したいと思っている内向型の人に「最後までパーティーに残るべきだ」と言うのは、社交の場でいろいろな人と接したいと思っている外向型の人に「早く帰宅して、ひとりで本を読むべきだ」と言うようなものだ。立場を逆転させれば、あまりにも見当違いであることがすぐにわかる。

自分の活躍の場を見つける

私は他人と一緒にいると、すぐに疲れを感じるので、エネルギーを補充するために他人を遠ざける必要がある。

チャールズ・ブコウスキー（アメリカの作家、詩人）

あなたは内向型だから、社交のためのエネルギーが少ししかないかもしれない。そこで、自分をよく知り、自分の限界を理解すればするほど、一日の終わりに疲れを感じるのを避けることができる。だから、ひとりであれ、誰かと一緒にいるときであれ、自分に合った環境を見つけることが重要だ。

1　ひとりでいるときの過ごし方

内向型の人はかなり長時間ひとりで家にいても平気である。内向性の程度に応じて、丸一日とか丸一週間、あるいはもっと長く家の中で過ごしても、まったく苦にならないかもしれない。

しかし、あまりにも長時間ひとりで過ごしていると、最低限の社交すら困難になりかねない。そこで、「どれくらい長く人とかかわらずに家にいることができるか？」と自分に問いかけよう。その答えを超えて家にいることは避けるべきだ。そのためには、社交が目的でなくても、定期的に外出することが好ましい。

長く家にいると自分がどんな気持ちになるかを観察し、仕事以外のことで家から出る習慣を身につけよう。あまりにも長時間ひとりきりでいると、落ち込んでしまうおそれがある。どれほど内向的な人でも、ときおり人と接することが重要だ。そうしないと、どんどんネガティブな思考に陥り、孤独を感じ、嫌な思いに押しつぶされかねない。

2 人と一緒にいるときの過ごし方

エネルギーが完全に消耗するまで、どれだけ長く社交の場で過ごせるだろうか？私の場合、2時間が限界だ。それを超えると、退屈で苦痛を感じてしまう。私にとって、それがその場を立ち去るサインだ。

あなたの場合も2時間程度かもしれないし、もっと長いか、もっと短いかもしれない。もちろん、その状況によるし、もともとどれくらいエネルギーがあったかにもよる。あなたのエネルギーが消耗するスピードに影響を与える要素を列挙しよう。

- 会場の騒がしさ
- 混み具合
- どれだけ多くの人と接するか
- そのイベントがどれだけフォーマルか
- 出席者のうち何人を知っているか
- その会場にどれだけなじみがあるか
- 会話以外の活動にも参加するかどうか

自分のスペースを確保することの重要性

内向型の人は、とくに話をするように求められなくても、他人と一緒にいるだけでエネルギーを消耗しやすい。ひとりで何かを楽しんでいたときに、誰かが現れた経験があるだろう。それはジムや図書館、カフェ、その他の場所でよく起こりうることだ。そういう状況で次に何が起こるか？　もしあなたが私と似ているなら、少し嫌な思いをし、不安を抱き、疲れを感じるかもしれない。外向型の人たちのことはわからないが、きっと彼らにとっては、別にたいしたことではなく、そこに現れた人を見るとワクワクして、その場で会話を交わすかもしれない。

しかし、私の場合、ひとりきりで何かを楽しもうとしているときに誰かが来るのは嬉しくない。だからそういう状況で誰かと話をすることはまずないし、たとえあったとしても、それは親しい人に限定される。私はひとりきりで何かを楽しみたいとき、誰かとかかわるのを避ける。そういう状況では友人や知人とは一緒にいたくない。なぜならその人と何らかの会話を交わさなければならないからだ。

友人と会う計画を立てているとき、その友人から「誰かを連れてきていいか？」と尋ねられたことがあるはずだ。あなたはそれについてどう感じただろうか？　おそらくその友人と一対一で深い話をすることを楽しみにしていて、第三者を交えると、それができなくなると感じたはずだ。同じ内向型として、その気持ちはとてもよくわかる。

また、エネルギーが消耗しているとき、パートナーや家族の誰かであっても、その人と接すると疲れを感じるかもしれない。場合によっては、誰もそばにいてほしくないこともあるだろう。

エクササイズ

- 自分のエネルギーをより上手に管理するために何ができるか？
- 自分のエネルギーレベルに最も好ましい影響を与えることは何か？
- 経験上、どれくらい長く社交の場で過ごせるか？

人生をより良くするための社交、仕事、人間関係のヒント

あなたは内向型だから、人生のさまざまな分野で問題に直面する可能性がある。この項では、自分の人生をよりよくするための提案をしたい。そこで、3つの分野に焦点を絞ろう。すなわち、社交、仕事、人間関係だ。

【社交】

内向型の人はパーティーでの雑談にすら何らかの意味を見いだそうとするので、神経をすり減らしやすい。

ダイアン・キャメロン（アメリカの心理コンサルタント）

内向型の人は、社交的なイベントに対して複雑な思いを抱きがちである。実際、「楽しそうだから行ってみたい」と期待する一方で、「パーティーを楽しめるだろうか」と不安を感じるものだ。しかし、あれこれ悩んだ挙句、たいていずっと家で過ごすことになる。

もちろん、ずっと家で過ごすことは間違っていないし、パーティーは生活に不可欠ではない。とはいえ、私たちは友人をつくったり、人脈をつくったりするために出かける必要があるし、なるべくそうしたいものだ。そこで、どうすれば自分の社会生活を再設計し、内向型として快適に過ごすことができるかを考えてみよう。

パーティーへの適切な対処策

たしかにパーティーは楽しいかもしれないが、内向型の人にとってはうまく対処しないと悪夢になりかねない。あまり長居しすぎると、くたくたになってしまい、来なければよかったと後悔するおそれすらある。

そこで、そんなふうになるのを避ける方法がある。内向型の人に合った方法でパーティーに対処すれば、人生はより快適になる。その方法を紹介しよう。

行くべきかどうかを見きわめる

まず、パーティーなどの社交の場へ本当に行きたいかどうかを見きわめる必要がある。ニューヨーク市立大学の心理学者ローリー・ヘルゴー教授は、パーティーに行くかどうかを迷ったときに役立つアドバイスをしてくれている。それをかいつまんで紹介しよう。

- パーティーの規模はどれくらいか？

パーティーの規模が大きくなると、内向型の人にとってはたいてい疲れが増す。

- 会場の雰囲気はどのようなものか？

屋内か屋外か？　空いているか混雑しているか？　騒がしいか静かか？

たとえば、屋外のパーティーなら休憩をとって散策するのに適しているし、タイミングを見計らって立ち去るのも容易だが、屋内のパーティーでは会場に閉じ込められるので、疲れやすいかもしれない。

- 参加者たちを知っているか？
  参加している人たちの大半を知っているなら、気分的に楽である。当然、誰も知らない集まりに出かけるのは精神的に疲れる。
- しゃべること以外の活動にかかわるか？
  しゃべること以外の活動にかかわれるなら、人と接するのが楽になるから、居心地よく感じるだろう。しかし、もしカクテルパーティーのように立ったまま、誰かとずっとしゃべらなければならないなら、苦痛を感じるかもしれない。
- 本当に行きたいか？
  これまでの質問に対する答えをもとに、「このパーティーに対してどれだけワクワクしているか？」と自分に問いかけよう。言いかえると、もし行かなかったら後悔するかどうかだ。「行かないと損をする」という不安を感じるかもしれないので、それを念頭において決断をくだそう。

断ることを覚える

行くかどうか決心がつかない（あるいは、行きたくない）**パーティーへの適切な対処策は、行かないことだ。これで問題の大半は解決する。**単純すぎるかもしれないが、あまりにも多くの人がパーティーへの誘いを断るのに苦労し、行きたくもないパーティーに参加して後悔しているのが実情だ。

まず理解しておかなければならないのは、パーティーへの参加は義務ではないということである。あなたに無理やりパーティーに参加させる権利は誰にもない。たいていの場合、パーティーに参加することが、楽しく過ごすための唯一の方法のように思えるかもしれない。

あなたのことはわからないが、私の場合、1人か2人の気のおけない仲間とお茶を飲みながら語り合うほうが、パーティーに行くよりも大きな満足感が得られる。また、ひとりになって良書を読むことも深い充実感をもたらしてくれる。

パーティーの楽しさは誇張されているきらいがあり、多くの人（たいてい内向型の人）はパーティーを楽しんでいるふりをしているだけで、実際にはあまり楽しんでいないのではないだろうか。あなたがパーティーを楽しんでいるかどうかは知らないが、もし楽しんでいないなら、楽しんでいるふりをするのはやめたほうがいい。実際、多くの人はパーティーを楽しんでいるふりをして貴重な時間を浪費している。

自分の時間だから、それを何に使おうと、自発的であるかぎり素晴らしいことだ。ただし、楽しんでいるふりをする必要はないと私は思う。

上手に断るための5つのヒント

「金曜の夜にパブで一緒にビールを飲もう」という友人からの誘いを断ることに決めたとしよう。だが、どうやってその気持ちを相手に伝えればいいかわからない。友人は「一緒に飲めば楽しく過ごせるからワクワクするよ」と言っている。では、その友人は「一緒にわが家で静かに読書をしよう」というあなたの誘いを受け入れて、「面白そうな本だからワクワクするよ」と言うだろうか？

興味のない誘いを断ることを、自分を大切にしている証しとみなそう。興味のない誘いを断ることについて謝っているなら、外向型の人があなたに対する扱いを変えてくれることは期待できない。あなたが気まずそうに謝っているかぎり、外向型の人はひとりで過ごしたいというあなたの本心を理解できないからだ。

友人からのパーティーへの誘いを断るのに役立つ提案を紹介しよう。

① **謝るのをやめる。**自分の幸せを最大化するために時間を使いたいと願っていることについて謝る必要はまったくない。逆の立場から考えてみよう。あなたは外向型の人がパーティーを楽しもうとするのを止めないだろう。それは本人の自由だからだ。とすれば、あなたも自分の自由を他人が制限しようとするのを許可してはいけない。「行きたいけれど、ちょっと事情があって難しい」と申し訳なさそうに言う必要はない。そんなことをしているかぎり、あなたは周囲の人から誘われ続けることになる。

② **自分が内向型であることを伝える。**その際、自分のニーズではなく願望をポジティブな表現で伝えることが大切だ。たとえば「今夜、家でゆっくり休む必要がある」と

いう言い方ではなく、「今夜、好きな本を読むのが楽しみだ」とか「今夜は家でゆっくりくつろぎたい」という言い方をすると、自分の気持ちが相手に伝わりやすい。

③ 正直になる。自分に敬意を払って内向的な性格を受け入れ、それを正直に伝えると、友人たちもたいていそれを受け入れてくれる。覚えておこう。外向型の人の多くは内向性についてよく理解していない。だが、いったんあなたの内向的な性格を理解したら、家にいるというあなたの選択を支持してくれるだけでなく、パーティーでエネルギーをセーブするのを手伝ってくれるだろう（それについては後述する）。たとえば、「私はパーティーが苦手で、しかも今日はとても疲れていて、家でくつろぎながら好きな本を読むのを楽しみにしている」と言うといい。

④ 代案を提示する。ときには友人たちと付き合いたいのだが、金曜の夜に騒がしい店で一緒に飲むのは苦痛かもしれない。もしそうなら、代案を提示するといい。たとえば、「とても疲れているので、今夜はくつろぎながら好きな本を読みたいと思っている。でもあなたとの付き合いも大切なので、今度の日曜日に二人でお茶を飲みなが

らおしゃべりをしよう」と言うのも一案だ。これは、友人たちと付き合いたいのだが、騒がしい場所ではなく静かな場所で会いたいと思っていることを伝える素晴らしい方法である。さらに、相手と深い話をしたいと思っていることを付け加えるといい。これは友情を大切にしたいという誠実な気持ちを友人に伝えるのに役立つ。

⑤ 追加のアドバイス 外向性が標準とみなされる世の中で、内向型の人が自己主張をするのは難しい。多くの人が内向的な性格を直すべきものとみなしているのだからなおさらだ。当然、内向型の人が自己主張をするには多少の訓練が必要になる。ひとりきりか友人と一緒に練習をしよう。たとえば、興味のないイベントに参加するのを丁重に断るフレーズをいくつか用意するといい。自分に合った返事の仕方を選び、実際の会話で自信を持って使えるまでリハーサルをしよう。

次の具体例をもとにアレンジすると効果的だ。

- 「ありがとう。でも少人数の集まりのほうが好きなんだ」
- 「ありがとう。でも自分の目標に集中しているので、このタイミングで集中力を乱したくないんだ」

- 「ありがとう。でもパーティーには行きたくないんだ。少数の親しい人たちと深い話をするのが好きだから」

礼儀正しく振る舞いながら正直に思いを伝えるように工夫し、どういう結果になるか試してみよう。

その際、巻末にある『「ひとりが好きな人」のためのポジティブな言葉集』を参考にするといいだろう。自分に合ったものを使えばいいし、もしそれが見つからなければ、オリジナルなものをつくればいい。

パーティーにうまく対処する11のアイデア

パーティーへの誘いを受け入れたとしよう。本当に行きたいのならいいが、パーティーを楽しめるかどうか不安になり、家で過ごさなかったことをあとで後悔するかもしれない。

実際、パーティーに行くときは、不確実な要素がついて回る。私自身、何も期待せずにパーティーに行って楽しく過ごしたこともあるし、事前にワクワクしていたのに、実際に行ってみると退屈でがっかりしたこともある。

しかし幸いなことに、パーティーに行って楽しい時間を過ごすためにできることはたくさんある。それを紹介しよう。

①　**早めに到着する。**主催者に了解をとって会場に早めに到着すれば、その場になじめるし、全員が到着する前なら、一対一で会話をしたり、少数の人たちと話をしたりするのが比較的簡単にできるかもしれない。会場は静かだし、まだそんなに混み合っていないから気分的に楽である。

②　**早めに立ち去る。**私たちは内向型だから、刺激の強い環境であまり長く過ごすのは苦手だ。そんなときは早めに立ち去っても何ら間違っていない。最近、私はパーティーに行くと早めに帰ることにしていて、2時間を超えて滞在することはめったにない。その理由は、2時間を超えると楽しくなくなるからで、そんなときは遠慮せず

に立ち去る。あなたもそうするといいだろう。私の場合、早く帰る理由を聞かれると、「仕事があるから」と答える。パーティーに行って早めに立ち去ることに関しては、事前に計画を立てておこう。

③ 外向的な友人を連れていく。外向型の人たちはけっして敵ではないことを覚えておこう。外向的な友人と一緒にパーティーに行くと緊張がほぐれて、ひとりで行くときよりも多くの人と接することができる。実際、私には、外向的な友人がその場にいなかったら出会えなかった人がたくさんいる。外向的な友人が会話の大半をしてくれるから、貴重なエネルギーをセーブすることができる。

もうひとつの利点は、外向的な友人はあなたについて素晴らしいことを言ってくれる可能性が高く、同じ内容でも自分の口から言うより説得力がある。パートナーを探しているなら、これはとくに好都合かもしれない。ほとんどの人は自分を持ち上げるのを好まないから、友人に「広報担当者」をつとめてもらうといい。私は外向的な友人にとても感謝している。きっとあなたも外向的な友人に感謝することだろう。

④ 外向的な友人に自分の内向的な性格を知らせておく。 自分の内向的な性格を友人に理解してもらえば、支援を得やすくなる。たとえば、あなたが早く帰ろうとしているとしよう。友人はあなたにもっといてほしいと思っているかもしれないが、あなたの内向的な性格をよく知っているなら理解を示してくれるはずだ。

⑤ 途中で休憩をとる。 パーティーの途中で休憩をとることを遠慮してはいけない。これは少し散策に出かけたり洗面所に行ったりすることを意味する。また、会話をしている相手に「一緒に散策に出かけませんか」と誘ってもいい。

私たちは何らかの理由で、社交の場で自由に振る舞ってはいけないと思い込んでいる。しかし現実には、いつでも好きなように会場を出入りし、いつでも会話を終わらせ、30分ほど散策に出かけ、洗面所で10分ほど休憩をとることができる（ただし、行列ができないように配慮する必要がある）。

周囲に迷惑さえかけなければ、会場で好きなように振る舞えばいい。自分の思い込みを検証してみよう。おそらく自分の振る舞いに心理的な限界を設定していることに気づくはずだ。その限界を取り払うことを検討しよう。

⑥ **他の内向型人間を見つける。** その場にいる内向型の人に近づいてみてもいいかもしれない。ひとりで座っているか部屋の隅で立っている人がそうだろう。その人と会話を交わして、どういう展開になるか試してみよう。意外と話しやすい人かもしれない。ただし、その人はたぶん内向型だから「しばらくひとりでいたい」と言う可能性がある。その場合は驚いたり、がっかりしたりしてはいけない。

⑦ **適切な場所にたたずむ。** 少人数の集まりでは、話をしやすい場所にたたずんでもいい。たとえば部屋の隅か、キッチンのそばか、通路に立つといいだろう。より静かで混雑していないエリアを探そう。

⑧ **手伝いを申し出る。** これは内向型の人が会話をせずに社交を楽しむための素晴らしい方法だ。この方法なら、誰に何を話していいかわからない気まずい瞬間を避けることができるし、手持ち無沙汰でスマートフォンをたえずチェックする必要もなくなる。たとえば、キッチンで手伝いをしたり、会場の写真を撮ったりするといい。そう

いう作業をしているときのほうが自然に誰かとつながりやすいものだ。

⑨ **学びたいことに意識を向ける。** 学びたいことに意識を向けることは、自意識過剰になって不安を感じるのを避けるための効果的な方法だ。たとえば、新しいことを学ぶという目的でパーティーに参加してもいい。事前に質問を用意しておくといいだろう。このテクニックを使えば、不安におびえることなく、学びたいことに意識を向けてワクワクすることができる。

⑩ **小さい目標を設定する。** パーティーで会う人の数について、あらかじめ小さい目標を設定してもいいかもしれない。たとえば、ひとつのグループに近づいてみるといい。その小さい目標を達成したら、幸せな気分で帰ることができる。そのあとの出来事はすべて、おまけのようなものだ。当初の目標よりも多くの人に近づくことができるかもしれない。

⑪ **頃合いを見計らって会話を打ち切る。** 私はかつて長時間にわたって無理に会話を

続けていた。途中で会話を打ち切るのは失礼だと思い込んでいたからだ。しかし、パーティーに行ったからといって、誰とも接する義務はないし、それによって時間や労力を浪費する必要もない。現在、私は「お話しできて楽しかったです。機会があれば、またお話をしましょう」とか「友人が待っていますから、これで失礼します。機会があれば、またお話をしましょう」と言うことにしている。あまりにも長い会話に巻き込まれて困ったら、この方法を試してみるといい。

【仕事】

大まかな判断基準として、いつも自尊心を損なってしまうような環境は、あなたにとって好ましくない。

ローリー・ヘルゴー（アメリカの心理学者、ニューヨーク市立大学教授）

ふだん一日の終わりにくたくたになっていないだろうか？　自分に合っていない仕事に就いていたり、適していない環境に身をおいたりすると、ぐったり疲れてしまうものだ。たとえば、営業のための電話かけが苦手なのかもしれない。あるいは、長時間におよぶ会議が疲労の原因になっているのかもしれない。少し時間をとって、何をするのを減らせば、仕事がより快適になるかを考えてみよう。

このふたつの例で言えば、できることなら電話かけや出席する会議の数を減らすことが解決策になる。仕事がより快適になる方法を考えて、それを紙に書いてみよう。

逆に、何をするのを増やせば、仕事がより快適になるかも考えてみよう。たとえば、電話をかけるよりメールを書いて送信するほうがいいのかもしれない。

残念ながら、現在の労働環境は、内向型の人にとって不利な場合が多い。オープンスペースは内向型の人にとって最悪の環境のひとつである。私たちは内向型だから、仕事に集中するためにプライベートな空間と静かな時間を必要としている。

自分の環境を再設計して仕事の満足度を向上させるための提案を紹介しよう。人はみな異なっているから、次の中から自分に合った方法を選ぶといい。

- 休憩時間を活用して散策に出かける。
- 自分だけの時間をつくるために、ひとりで昼食をとる。

- 空いている会議室を探し、その部屋を使って中断されずに働く。
- ひとりでいる時間を捻出するために、早めに出勤するか遅くまで残る。
- 周囲の雑音が聞こえないようにヘッドフォンを使う。
- たとえ週に一度でも自宅で働けるように交渉する。自宅で働くことを有利に交渉できるように自分の生産性を高く保つ。
- 会議の前かあとでアイデアを提案してもいいか上司に尋ねる。そうすることで、たとえ会議中に発言できなくても、やる気があることを示し、自分の存在感をアピールできる。
- 仕事中は中断時間を最小化したいと思っていることを同僚に伝え、自分に何が求められているかを尋ねる。仕事の邪魔をしてくる同僚にそれを伝えることは、とくに重要だ。
- 電話よりもメールでコミュニケーションをとりたいと思っていることを伝える。
- 許される範囲内で、なるべく会議に参加しない。
- 中断せずに仕事に集中できるように勤務状況を調整する。

職場で上手に自己主張をする5つの方法

私たちは、内向的な性格が自分にとっては自然だから、周囲の人も自分と同じように考えるか、少なくとも理解してくれていると思い込んでいる。しかし、**内向型人間と外向型人間では、考え方や行動パターンが大きく異なる。**上司や同僚があなたの期待どおりに見てくれているとはかぎらない。彼らはあなたがどれだけ組織に貢献しているかを正確に認識していない可能性がある。あなたは注目を集めるのが嫌なので、自分の考えを共有したくないのかもしれないが、周囲の人がそういう事情を理解してくれているとはかぎらない。

一般に、内向型の人は人前で話して目立つことを好まない。しゃべる前にひとりで考える時間を必要としていることや、会議で発言しないからといって組織に貢献したくないわけではないことを、外向型の人は理解していないかもしれない。

自分の存在感をアピールするために次の提案を参考にしよう。

①　**一対一の会話を増やす。**内向型の人は会議では組織にあまり貢献できないかもしれないが、一対一で話すことはたいてい得意のはずだから、そういう機会を増やせば、同僚とより深い関係を築くことができる。たとえば、同僚を昼食に誘ってみるのも一案である。ときには職場に早めに来るか遅くまで残って、他の人たちの出勤前か退勤後に同僚と一対一で話をしてもいいだろう。

②　**他人の手伝いをする。**興味のあることについて手伝いを申し出よう。たとえば、同僚と一緒にニュースレターや記事を書いてもいいし、何かを提案してもいい。私たちは内向型だから、自己PRをするのが得意ではないかもしれないが、他人の手伝いをしたいという願望は持っているはずだ。同僚について知っていることをもとに、相手を助けるために何ができるか、相手の目標達成を手伝うにはどうすればいいかを考えてみよう。

③　**書面でのコミュニケーションに集中する。**会議のあとで考えやアイデアを書面で共有したいと伝えよう。そうすることによって、組織に貢献したいという思いを伝え

るだけでなく、考えたことを文章化する時間を確保することができる。

④ 同僚に助けを求める。 内向型の人は他人に助けを求めようとせず、自分でなんでもしたがるかもしれない。だが、その衝動に屈してはいけない。助けを求めることは、同僚と接して相手に感謝を伝えるための素晴らしい方法なのだ。多くの人は人助けをするのが好きだから、お互いに得をする可能性が高い。

⑤ 上司にたえず近況を伝える。 あなたは外向的な同僚ほど頻繁に上司とコミュニケーションをとっていないかもしれない。そこで、それを補うために、自分がこれからしようとしていることを定期的に上司に伝えるといい。

転職して自分に合った仕事に就く

内向型なので成果があがらないという理由で今の仕事を嫌っているなら、自分に合う新しい仕事を見つけることを検討すべきかもしれない。すぐに転職することはできないかもしれないが、「今の仕事をこれから何十年も続けて人生の大半を過ごしたいか？」と自分に問いかける必要がある。もしその答えが「ノー」なら、将来の仕事のために準備すべきだ。

時間をとって理想の一日を設計すると、自分に合った職業を選ぶのに役立つ。次の質問を自分に投げかけよう。

- 自分の強みは何か？
- 自分の強みを生かせる仕事は何か？
- 大半の時間をひとりで過ごしたいか、一対一で話をして過ごしたいか、少人数の集まりで話をして過ごしたいか？
- その活動のために自分の時間のどれくらいを費やしたいか？　もし自分の仕事について何をしたいかがわからないなら、第5章の「自分が何に情熱を感じるかを見きわめる」という項を参考にしてほしい。

人脈づくりの場での9つのアドバイス

人脈づくりのイベントは、内向型のあなたが最も参加したくないものだろう。だが、それは意外と楽しいかもしれない。もちろん、会場にいるすべての人に話しかけたり、名刺を何十枚も配ったりする必要はない。実際、そんなことをしても好ましい結果は得られないだろう。パーティーについて述べた先ほどの提案は、人脈づくりのイベントにも当てはまる。次の提案を参考にしてほしい。

① **深い話をする。** あなたは内向型として、深い話をしたいと思っているはずだ。人脈づくりのイベントに参加するとき、その願望を抑えるべき理由が私には見当たらない。部屋にいるすべての人と名刺交換をしようとするのではなく、少数の人たちとの有意義な交流をはかろう。

② **明確な目標を設定する。** 人脈づくりのイベントに参加する前に、明確な目標を設

定しておくことが重要だ。「ここで何を成し遂げようとしているのか？」と自分に問いかけよう。たとえば、少なくとも２人の参加者と有意義なつながりとつくるというのでもいい。必ず達成できると思える明確な目標を設定すると、プレッシャーを軽減することができる。目標はあまり大きすぎないほうがいい。もちろん、当初の目標より多くの人にアプローチすることは可能だが、それはオプションにすぎない。

③　滞在時間を決める。そのイベントでどれだけの時間を過ごすかをあらかじめ決めておこう。それは20分とか30分という短時間かもしれない。もっと長くいたいなら、そうすればいいが、無理をする必要はない。

④　十分に準備をする。内向型の人は、その場で相手の質問に即答できなかったり、相手に対する適切な質問を思い浮かばなかったりするかもしれない。だから前もって相手の質問を想定し、答えを準備しておくだけでなく、相手に対する適切な質問を考えておこう。その際、「イエス」か「ノー」で答えられる質問を避けて、自由に答えられる質問が好ましい。

⑤　自己紹介のやり方を工夫する。 初対面の人に対する簡単な自己紹介を準備しておこう。これは「エレベーターピッチ」と呼ばれ、エレベーターの中で15～30秒以内に自己PRをすることを想定したものだ。

エレベーターピッチを人脈づくりのための挨拶とみなそう。自己紹介をするときは、単に自分が何をしているかではなく、どのように人びとの手伝いをしているかを簡潔に説明しよう。自分がどんな価値を提供しているか、どんな問題を解決しているか、誰とつながりたいかをはっきりと伝えよう。自己紹介の仕方を工夫し、相手がもっと詳しく知りたいと思うような話し方をすることが重要だ。たとえば「私の名前は○○です。弁護士として離婚と家庭問題を担当しています。人びとが困難な時期を乗り切るお手伝いをしています」とか「人びとがより幸せな人生を送れるように賢明な選択をするお手伝いをするのが任務です」と言ってから、「ぜひあなたとつながりをつくりたいと思っています」と付け足すといい。

⑥　休憩をとる。 人脈づくりのイベントに最初から最後までいなければならない義務

はない。だから恥ずかしがらず、必要に応じて途中で休憩をとればいい。

⑦ **80対20の法則を活用する。** イタリアの社会学者パレートが提唱した「80対20の法則」によると、努力の20％が成果の80％につながるとされる。同じことが人脈づくりのイベントにも当てはまる。あなたが参加しようと思っている人脈づくりのイベントの中で、たくさんのチャンスにつながるイベントと、そうでないイベントがある。イベントが苦手な内向型としては、成果につながりそうな20％のイベントにだけ出席し、残りの80％のイベントには欠席したほうが得策かもしれない。

⑧ **外向的な友人を連れてくる。** この点についてはパーティーに関する箇所で説明したが、それはここにも当てはまる。外向的な友人はあなたがより多くの人とスムーズにコミュニケーションをとるのを手伝ってくれる。

⑨ **アフターフォローをする。** 知り合った人たちへのアフターフォローを忘れてはいけない。その人たちとSNSでつながり、イベントで話し合ったことにもとづいてユ

ニークなメッセージを送ろう。

内向的な性格に合った人脈づくりの方法

人脈づくりのイベントに関する説明は以上のとおりだが、それに参加するかどうかは完全にあなたの自由である。参加したければ、それでいいが、参加したくないなら、無理に参加する必要はない。人脈づくりのイベントは必須ではないからだ。従来のイベントよりもストレスにならず、疲れずにすむ人脈づくりの方法を紹介しよう。

①　**インターネットで人脈づくりをする。**幸いなことに、現代社会ではインターネットという便利なツールがある。始めるに当たってはリンクトイン（LinkedIn）が打ってつけだが、あなたの業界に関連したサイトはほかにもたくさんあるはずだから、それを利用して人脈づくりをすればいい。フェイスブックにも膨大なグループが存在する。たとえば私は著述家グループのメンバーだから、イベントに行く必要がないし、つながりをつくるために誰かと会って話す必要もない。インターネットなら可能性は

無限にある。だからもし人脈づくりのイベントに出かけるのが嫌なら、ごくわずかなイベントに行くだけにするか、それを全部やめることを検討しよう。その代わり、インターネットでの人脈づくりに専念すればいい。

② すでにある人脈を広げる。あなたはすでに自分の人脈を持っているだろうし、その人たちも自分の人脈を持っている。とすれば、その人たちの人脈を活用しない手はない。

たとえば、同僚のひとりがあなたにとって関心のある異業種の人を紹介してくれるかもしれないから、その人と一緒にお茶を飲みながら話をするといいだろう。

これは、人脈づくりのイベントに出かけて何かを得ようとするよりずっと簡単なやり方である。

【人間関係】

どんなパーティーにも2種類の人たちが参加している。早く家に帰りたがっている人と、その場に残りたがっている人だ。困ったことに、その2種類の人たちはたいてい夫婦である。

アン・ランダース（アメリカのコラムニスト）

あなたのパートナーや子供は外向型だろうか？　円満な関係を築くためには、外向型の人と内向型の人がお互いのニーズをよく理解することが不可欠である。

外向型の人と付き合うための6つのヒント

外向型の人と付き合っているなら、その人はたびたび自宅に友人を招きたがるだろうし、週末は出かけることを好むはずだ。しかし、これは喧嘩の種になるかもしれない。あなたはひとりで過ごす時間がもっとほしいだろうし、週末のたびに友人と一緒に過ごしたり、パーティーに出かけたりするのは苦痛に違いない。一方、相手はあなたが社交性に欠けると感じているだろう。さらに、もしあなたがしばらくひとりで過ごしたいと言うと、相手は愛されていないと感じるおそれすらある。

そこで、外向的なパートナーとの関係改善に役立つアドバイスを紹介しよう。

①自分の内向的な性格についてパートナーに理解を深めてもらう。 当然、外向型の人は内向的な性格を実体験することができない。そのため、あなたがひとりで過ごす時間を必要としていることが、相手には理解できないかもしれない。相手との関係を改善する前に、パートナーがあなたのニーズを理解することが重要だ。

内向性に関する本（たとえば本書）を読むように提案するといいだろう。**内向性について パートナーに理解を深めてもらう最高の方法は、あなた自身が外向性について理解を深めることである。なぜなら、あなたも外向的な性格を実体験したことがないからだ。**

そこで、時間をとって外向性に関する本や記事を読んでみよう。さらに、外向型としてどんな苦労を経験してきたかをパートナーに尋ねてみるといい。外向型人間と内向型人間はどちらも人知れず苦労していることを覚えておこう。お互いに相手の性格に対する理解を深めれば、二人の人生はより快適になる。

②　**自分のニーズを伝える。**自分のニーズをパートナーに伝えよう。きっとあなたはひとりで過ごす時間やパートナーと一緒に過ごす時間をもっと増やしたいと思っているに違いない。金曜の晩は友人と出かけるのではなく、自宅でゆっくりくつろぎたいと思っているかもしれない。自分のニーズをはっきり伝えて、パートナーの理解を得るために努めよう。

③　**パートナーのニーズにも耳を傾ける。**ふだんの生活で不満を感じていないかどうかをパートナーに尋ねよう。たとえば、パートナーはあなたが少しよそよそしいと感じ、もっと一緒にいてほしいと思っているかもしれない。あなたはパートナーのニーズを知って、相手を満足させるために努力する必要がある。

④　**パートナーと交渉する。**パートナーとの妥協点を見いだそう。パートナーが友人

と外出するあいだ、自分は家にいるというパターンについての交渉になるかもしれないし、1か月に1回ではなく2か月に1回、友人を自宅に招くことについての交渉になるかもしれない。

⑤ 30日間、合意内容を試してみる。 いったん合意にいたったら、30日間それを試してみて、お互いにどう感じるかを見きわめよう。以前よりずっと快適になったと感じるかもしれない。だが、何らかの問題が発生する可能性もある。その場合、双方が納得できる合理的な解決策が見つかるまで調整する必要がある。

⑥ 争いごとに対処する。 内向型の人と外向型の人では、争いごとの対処法が異なる。外向型の人は物事に正面から向き合って、なるべくその場で争いごとを解決しようとするが、内向型の人はたいてい議論を避けようとする。私たちは話し合いをして争いごとを解決する前に、情報を処理するための時間を必要としている。外向型の人にとっては、内向型の人が話し合いを避けていたり気にかけていなかったりするように見えるかもしれないが、内向型の人はじっくり考える時間を必要としているだけだ。また、

外向型の人は白熱した議論を健全だと思っているかもしれないが、内向型の人はそのような対話をあまり好まない。私たちは静かな会話を好むのである。

内向型どうしで付き合うときの3つの注意点

内向型どうしの関係は理想的に見えるかもしれない。もちろん、お互いに理解し合う必要があるが、それはどのような関係でも同じことだ。ただし、内向型の人と付き合うときも気をつけなければならない注意点がいくつかある。

①　**お互いに争いごとを避けたがるタイプなので、一方または双方が重要な問題を持ち出すことを嫌がるかもしれない。**その結果、二人の関係が進展しにくくなるおそれがある。しかし、あなたはそのほうが無難だと思ってしまい、二人の関係を次のレベルに進められなくなる可能性がある。

②　**世の中から孤立してしまうおそれがある。**パートナーと二人きりで過ごすのが快

適なあまり、社交をおろそかにしてしまいかねない。どんなに内向的な人でも、ときには外に出て他の人たちと接する必要がある。

③ **相手に依存しすぎるおそれがある。**もし友人がたくさんいないなら（たとえ友人がたくさんいても、あまり頻繁に会わないなら）、パートナーに精神的な面で依存しすぎてしまうかもしれない。

外向型の子供を育てるときに役立つ5つのアドバイス

内向型の人にとって、内向型の子供を育てることはさほど難しくないかもしれないが、外向型の子供を育てることは大きな困難をともなう可能性がある。あなたは外向型の子供に圧倒されて、常に疲れを感じるかもしれない。そこで、自分のエネルギーをより上手に管理し、よりよい親になり、人生の質を高めるのに役立つ実用的なアドバイスをしよう。

①外向型のパートナーに手伝ってくれるように頼む。もしパートナーが外向型なら、あなたが疲れるような課題でも手伝ってくれるかもしれない。たとえば、誕生日のパーティーを仕切ったり、他の親たちと談笑したりすることができる。あるいは、子供と一緒に外向的な活動をしてくれるかもしれない。その一方で、あなたは料理や掃除のようにひとりでできる雑用をすればいい。

②ひとりで過ごす時間が自分には必要であることを子供に説明する。あなたの子供はいずれ内向型の人たちと接することになるから、早いうちから内向性について説明して理解させるといいだろう。

③子供にときにはひとりで過ごすことを教える。内向型の人がひとりで過ごすことを楽しむ一方、外向型の人はいつも誰かと一緒にいたがり、ひとりでいることに苦痛を感じやすい。そこで、子供がひとりでできる活動を教えるといい。小児発達学の権威として知られるD・W・ウィニコット医師は、「子供がひとりで過ごす能力を身につけることは、精神的に成熟しつつあることの最も重要な兆しのひとつだ」と述べている。

④ エネルギーを消耗する活動の回数を減らす。 外向型の子供がいるなら、子供と直接関係がない社交的な活動を減らすことはエネルギーをセーブするうえで理にかなっている。そこで、グループ活動に参加する代わりに、2、3人の友人とお茶を飲みながら話をしたり、ひとりでしばらく過ごしたりするといいだろう。

⑤ 子供と一緒にできる地味な活動を提案する。 たとえば、一緒に映画を見たり本を読んだりするといい。子供をテレビ漬けにする必要はないが、こういう地味な活動を一緒にすれば、あなたはしばらく休憩することができる。

雑談を減らして深い話をする6つの方法

私たちは内向型だから、雑談を避けて深い話をしたがる。しかし、外向型の人にとっては、すぐに深い話をすることに抵抗を感じやすい。この項では、相手に違和感を抱かせずに雑談を減らし、より深い話をする方法を紹介しよう。

①　自分らしく振る舞う。 最初から自分らしく振る舞えば、雑談を最低限に減らすことができる。もし好き嫌いが相手と違うなら、はっきりとそう言おう（もちろん丁寧に）。パーティーが楽しくないなら、そう言おう（もちろん上手に）。自分らしく振る舞って正直に気持ちや思いを伝えれば、相手も同じようにすることができる。

②　自分についてもっと開示して、相手とのつながりをつくる。 私たちは内向型だから、自分を前面に出すのが苦手だが、自分についての情報をやや多めに共有することはときには有益である。「元気ですか？」と聞かれて、単に「はい、元気です」と答えるのではなく、「はい、元気です。今朝、天気がよかったので、近所の公園で散歩しました」とか「はい、元気です。今日、新しい本を読み始めたところですが、とても面白いです」と答えるといい。

こういうさりげない答え方が、相手に会話のきっかけを与えることができる。細部を意図的に省略すると、相手の興味を引くことができるかもしれない。2つ目の例でいうと、相手は「それはどんな本ですか？」と聞きたくなる。

自分について話す習慣を身につけると、それはますます簡単になる。友人と役割を交代してもいいし、たとえばスーパーのレジ係とタイミングを見計らって短いやりとりをしてもいい。

自分が興味のあるテーマについて話すと、すぐに会話の主導権を握ることができる。もしあなたが本好きで、本について話し合いたいなら、自分が読んでいる本に関する先ほどの例は打ってつけである。それは相手が何に興味を持っているかを推し量る材料にもなる。相手は文学やSF小説が好きかもしれないから、さらに話題を深めることができる。ただし、やりすぎてはいけない。会話は双方向が基本だから、相手があなたの言っていることに興味を抱いていることが必須条件だ。そうでないと相手は退屈してしまうおそれがある。

③ 会話を深めるために自由回答式の質問をする。「イエス」か「ノー」で答える質問ではなく、自由回答式の質問をすることは、会話を上手に展開するための効果的な方法である。その際、質問は具体的であればあるほどいい。なぜなら相手の価値観を少しでも知ることができるからだ。

ただし、質問の仕方を工夫する必要がある。たとえば、「週末に何をするのが好きですか？」と尋ねるのではなく、「この前の週末は何をしましたか？　とくに楽しかったことは何ですか？」と尋ねよう。そうすれば、相手は答えやすくなり、お互いの距離が縮まって会話がはずむ可能性が高い。

次の質問をしよう。

- それについてもっと聞かせてもらえますか？
- 最近、ワクワクすることをしていますか？
- この前の週末で最もよかったことは何ですか？
- 今週、楽しみにしていることは何ですか？

もちろん、以上の例はほんのごく一部だから、ほかにいくらでも質問を考えてみるといい。

質問をすることには、もうひとつの利点がある。自分がたくさん話す必要がなくなることだ。それによってプレッシャーが軽減され、不安を感じずに会話を続けることができる。

④ 親しみを込めて質問する。 知らない人と会話を始めるとき、相手がすでに友人であるかのように親愛の情を込めて話しかけよう。これは、相手の職業や出身地、きょうだいの数といった個人的な質問を避けるという意味である。会話が進むにつれて、それらの質問に対する答えは徐々に明らかになるはずだ。

会話を始めるときは、「今日はどんな一日でしたか？」とか「最近、調子はどうですか？」と尋ねてみよう。それで話がはずんだら、②で述べたように自分についての情報を開示すればいい。しかし、もし会話がはずまないなら、よりシンプルな質問に切り替えよう。

⑤ 何かを学ぶ努力をする。 好奇心を持って、相手について何かを学ぶという気持ちで会話を始めよう。相手について具体的なことを学ぶように努めるといい。そうすれば、自分よりも相手に意識を向けることができる。

⑥ **思いどおりに会話の方向性を決める。**私たちは内向型だから、好きな話題について熱く語りたがる傾向がある。特定の話題になると、急にワクワクして話が止まらなくなるはずだ。嬉しいことに、好きな話題が持ち出されるまで待つ必要はない。自分でその話題を持ち出して、思いどおりに会話の方向性を決めればいいのだ。

それにはふたつの方法がある。

- **自分の好きな話題をリストアップする。**そして、それぞれの話題について質問や話を用意しよう。自分がワクワクする話題を持ち出すことは、相手も同じような関心を抱いているかどうかを見きわめるための素晴らしい方法だ。
- **それまでの話題に戻る。**それまでの話題に戻って、それについてもっと話してほしいと相手に頼むといい。そうすることによって、その話題に関する自分の経験や意見を共有することもできる。

ただし、これはやりすぎてはいけない。会話を独占したり相手の発言を無視したりするのは禁物だ。それをすると、相手はうんざりして、あなたと話すのをやめてしままうおそれがある。

雑談を避けるもうひとつの方法は、雑談をしなくてもすむ状況をつくることだ。自分がワクワクする話題や趣味を共有するグループと一緒に過ごすなら、たわいのない雑談はほぼ不要になる。あなたはその場にいるすべての人の関心事について深い話をしながら過ごすことができるはずだ。

エクササイズ

次の質問を自分に投げかけよう。

- 自分の内向的な性格に関して最も苦労していることは何か？
- その状況を改善するためにできる小さなことをひとつ挙げるなら何か？

第4章

内向型の本来の力を発揮する

物静かで控えめな人たちに対して私たちの文化は偏見を抱きがちだが、内向型人間は間違いなく人類の偉大な足跡に貢献してきた。

——スーザン・ケイン（アメリカの教育者、著述家）

内向的な性格を活かして社会に貢献する

内向的な性格には多くのメリットがあり、どれも注目に値するものばかりだ。自分の内向的な性格を十分に受け入れて、その才能を社会に役立てる人が増えることを願ってやまない。

ある友人は内向的な友人たちに対して「臆せずに自分の殻を破り、社会ともっとかかわろう」とSNSで呼びかけている。これこそ本書で共有したいメッセージだ。内向的な性格を最大限に活用し、自分なりの方法で社会に貢献しよう。

あなたは生まれつき内向型だから、わざわざ外向型のふりをして生きていく必要はない。ゾウが木に登るのを期待する人がいるだろうか？　内向型として生まれてきたのだから、自分の強みを存分に発揮して、できるかぎり社会の役に立つために努めればいいのだ。

外向型の人と内向型の人は力を合わせて世の中をよりよいものにするために共存している。もしあなたが外向型のように振る舞おうとするなら、世の中のバランスが崩れてしまう。自然の摂理と数百万年におよぶ人類の進化が間違っているはずがない。**内向型人間が世界の人口の約半数を占めるのは、私たちが社会で果たすべき役割があるからにほかならない。**

人類の歴史を通じて、無数の内向型人間が世の中をよりよくするために才能を発揮してきた。あなたもそれができる。

では、内向型の人たちに共通する強みについて詳しく見ていこう。

エクササイズ

内向型として自分の最大の強みは何だと思うか？

ひとりで快適に過ごせる能力を最大化する

私が多くのことを成し遂げられたのは、ひとりでいても快適に過ごせるからだ。

マリリン・ロビンソン（アメリカの作家、エッセイスト、イェール大学客員教授）

ふだんあまり意識していないかもしれないが、ひとりで過ごせる能力は、あなたの最大の強みのひとつである。その時間をうまく使えば、人生でより多くのことを成し遂げることができる。ひとりでも膨大な時間を過ごせる能力を活用すれば、素晴らしいアイデアを思いつくだけでなく、自分をより深く知ることができる。さらに、ひとりで過ごす時間は、才能を存分に発揮する機会を与えてくれる。一方、外向型人間にとって、ひとりで過ごす時間はあまり大きな恩恵をもたらさない。

ひとりでコツコツ努力する

ひたすら練習を積むと、その道の達人になれる。彼らは効果的な練習をするために普通の人より多くの時間を費やすことが、数々の研究でわかっている。内向型の人はチームと一緒に働くよりひとりで働きたがるタイプだから、効果的な練習はわりと簡単にできる。

アップルの共同創業者スティーブ・ウォズニアックは「内向的な性格のおかげで、創造性を発揮して成功を収めることができた」と言っている。さらに、「ずっと自宅にこもっていなかったら、コンピューターについて多くを学べなかったと思う」と主張している。彼は膨大な時間をひとりで過ごしてコンピューターについて学んだが、それは強い情熱を持った内向型だったからだ。

彼は回顧録の中で「ひとりでコツコツ努力すれば、きっとあなたも画期的な製品を開発することができる」とアドバイスしている。

まったくそのとおりだ。内向型の人にとっては、とくにそうである。

内向型の人のための「効果的な練習」

では、内向型の人のための効果的な練習とはどのようなものだろうか？

フロリダ州立大学の心理学者アンダース・エリクソン教授は、効果的な練習とはどのようなものかを説明している。

- 練習方法が確立している
- 不断の努力を必要とする
- 明確な目標を設定している
- 意識的な行動と注意を必要とする
- 定期的なフィードバックとそれに対する適切な対応を必要とする
- 従来のスキルに磨きをかけるか、新しいスキルを身につける長期的に見ると、効果的な練習が一般的な練習よりもよい結果につながることは、すぐに理解できるはずだ。効果的な練習は、よりスマートで、よりハードに仕事をするのに役立つ。なぜなら目標を達成するのに必要なスキルを磨くことに焦点をあてるからだ。

きっとあなたは「効果的な練習がそんなに素晴らしいのなら、なぜもっと多くの人がそれを実行しないのか?」と疑問に思うだろう。それには3つの主な理由がある。

- 効果的な練習は効果的なテクニックにもとづいていなければならない。それはスポーツや音楽のようにパフォーマンスが具体的に測定できる活動には適しているが、教育や経営のようにパフォーマンスの測定が困難な活動には適用しにくい。
- それは不断の努力を必要とするので、実際問題として、ほとんどの人がそういう面倒なことを嫌がる。
- 多くの人は効果的な練習について知らず、スキルを磨くためにそれをどのように応用していいのかわからない。

では、効果的な練習とは、具体的にどのようなものだろうか？　一般的な練習と対比しながら説明しよう。

1　文章を書くことの効果的な練習

内向型の人にとって、誰にも邪魔されずに自分の思いを表現できることはとても有意義である。そこで、そのための一般的な練習と効果的な練習を対比しながら説明しよう。

【一般的な練習】

書いて、書いて、書きまくる。ベストセラー作家のスティーヴン・キングは「文章を書いて生計を立てたいなら、とにかくたくさん読んで、たくさん書けばいい」と言っている。だが、実際にはそんなに単純なものではない。

【効果的な練習】

万能の天才とたたえられるベンジャミン・フランクリンは、「とにかくたくさん読んで、たくさん書けばいい」というものではないことを知っていたようだ。そこで、彼は文章を書くための重要なスキルを特定し、それを磨くことに集中した。すなわち、文体、語彙、構成である。

- **文体**　高級紙「スペクテイター」の記事を分析し、数日後にそれを思い出しながら書いて、できあがった自分の文章を原文と比較して修正した。
- **語彙**　「スペクテイター」の文章を数日後に思い出しながら書いて、できあがった自分の文章の語彙を原文の語彙と比較した。
- **構成**　記事を要約し、紙に書いた。そして数週間たって、その記事を正確な順番で書けるかどうか試して、できあがった自分の文章を原文と比較した。

これはさぞかし楽しい作業だったに違いない。しかも、フランクリンはフルタイムの仕事をしながら、たえずその練習をしていた。

2　人前で話すことの効果的な練習

内向型の人にとって、人前で話すことはとくに勇気のいることだろう。しかし、リーダーシップをとるには人前で話すことは不可欠である。そこで、そのための一般的な練習と効果的な練習を対比しながら説明しよう。

【一般的な練習】

気に入ったスピーチを満足のいくまで繰り返し練習する。

【効果的な練習】

人前で話すことに関する特定のスキルに焦点を当てて練習すると、全体のパフォーマンスを向上させることができる。特定のスキルとは次のようなことだ。

- 声の調子
- リズム
- 話の組み立て

・ボディーランゲージ、アイコンタクト
・間の取り方
・話し方

効果的な練習をふだんの生活の中で実践すれば、ほとんどの人よりはるかによい結果を得ることができる。これは人前で話すことだけでなく、望んでいる人生に必要な他のどんなスキルにも当てはまる。

考えて過ごす時間を活用する

私はそんなに頭がいいわけではなく、問題に対して普通の人よりも長く取り組めるだけである。

アルベルト・アインシュタイン（ドイツ生まれのアメリカの物理学者）

内向型の人は、じっくり考える傾向がある。これは大きな強みだ。考えることは問題解決のカギであり、多くの驚くべきアイデアや発明の源泉になる。何らかのテーマ

について長く取り組める能力は、素晴らしい結果につながる可能性がある。ただし、この強みはたえず磨きをかける必要があることを理解しておかなければならない。そうしないと簡単に弱みになりかねないからだ。

と言うのも、私たちはつい考えすぎてしまい、寝つきが悪くなることがある。じっくり考える能力は適切にコントロールしないと、強みが弱みになるおそれがある。

外向型の人はたいていじっくり考えずに行動を起こすが、私たちは内向型だから考えすぎてしまう傾向がある。何かをしたいとき、私たちはそれについて何度も思い悩むので、考えているだけで疲れる。たとえばこんな具合だ。

「服を買うためにお店までクルマで行く必要があるが、近くの駐車場を見つけなければならない。きっと店内は混んでいるだろうから、くたくたになりそうだ。自分に合うサイズで好みの色が見つからなかったらどうしよう。もしそうなら何も買わずに帰ることになるが、途中で交通渋滞に巻き込まれたら面倒だな」

内向型の人の場合、いつもこんな調子だから、考えていることを実行に移すのと同じくらい疲れてしまう。私たちは頭の中であらゆるタイプのシナリオを思い描くが、そんなことをしても貴重なエネルギーを浪費するだけだ。

内向型の人は他人とのかかわりの中でエネルギーを使い果たしやすいから、考えすぎる傾向は、エネルギーをセーブして、手に負えないくらい多くのことに取りかかるのを避けるための防衛本能なのかもしれない。もしそうなら納得がいくが、やりすぎるとエネルギーの浪費につながる。

私たちが持っている最強のツールのひとつは、じっくり考えることだ。自分にとって大切なことに集中すると、内向型の本来の力を発揮することができる。

考えすぎていることに気づいたら、一回に一歩しか進めないことを思い起こそう。一回に一歩ずつ進み、遠い未来について思い悩むのをやめれば、物事はそんなに恐れるほどのものではなくなる。

集中力を発揮して深く追求する

私たちは内向型として、一般に「広さ」より「深さ」を好む。特定のテーマについて深く追求するのが好きで、それが強みにつながりやすい。情熱を感じることを見つけると、私たちは本当にワクワクしてくる。たとえば、会話中ずっと黙っていても、興味のあるテーマになると、たちまち饒舌になったりする。いったんそうなると、ますます自信を持って話すから、口を閉じるのが難しくなるほどだ。

以上のことに心当たりはないだろうか？

多くの人がひとつのことに集中できず、ひとつのことから別のことへと対象を移し替えている。たとえ特定の目標を持っていても、ひとつのダイエットから別のダイエットへ、ひとつのコースから別のコースへ、ひとつの本から別の本へと移し替える。そして、なぜ望んでいる結果を得ることができないのかと首をかしげている。魅力的に見えるものに目移りしやすいこの傾向は「シャイニー・オブジェクト症候群」と呼ばれ、問題になっている。

しかし、**内向型の人にとっては嬉しいことに、何かを成し遂げるまで、ひとつのことにずっと集中するのはわりと簡単にできる。**というのも、内向型の人は目新しいものにあまりワクワクしないからだ。アインシュタインが「私はそんなに頭がいいわけではなく、問題に対して普通の人より長く取り組めるだけである」と言っているとおりだ。

大好きなことに集中して、それをより深く追求するように自分を訓練すればするほど、あなたはより幸せになることができる。しかも、それによって、望んでいる結果が得られる可能性が高くなる。

書くスキルを活用する

一般に、内向型の人は話すことより書くことが得意だ。したがって、毎日、何かを書く習慣を身につけることは、人生で大きな違いを生む可能性がある。たとえば、人生のさまざまな分野で役に立つ素晴らしい洞察が得られる。

① **日記をつける。** 日記をつけることは誰にとっても有益だが、内向型にとってはとくにプラス面が大きい。アイデアを含めて、考えていることをすべて書き出すことには、次のふたつのメリットがある。

・自分のネガティブな思い込みや思考パターンに気づくことができる

・新しいアイデアを思いつくことができる

② **ネガティブな思い込みや思考パターンに気づく。** 私たちは内向型だから考えすぎる傾向があるが、大切なのは、何について最も考えているのかということだ。私たちは一日に何千も考えごとをするが、その大半は昨日、先月、昨年とほぼ同じである。私たちの脳はコンピューターのようなもので、既存の信念にもとづいて独自のプログラムとソフトウェアを実行している。その中核となる思い込みは、外的な刺激に何度もさらされたことの結果であり、それが私たちの日々の行動に影響をおよぼしている。

ふだん日記をつけていると、その中核となっている思い込みが明らかになる。あなたは何かについて自分が不適格だと感じているかもしれない。あるいは、何らかの出来事が特定の感情的反応を引き起こしていることに気づくかもしれない。

これらの思考パターンは、日々の生活の中でますます強化される。外部の出来事が中核となる思い込みを刺激し、何らかの思考を生み出す。あなたはその思考を抱き続け、それが感情的反応を引き起こし、思考パターンをさらに強化する。

具体例を紹介しよう。たとえば、誰かが「あなたのスピーチには改善の余地がある」

と言ったとしよう。あなたはその出来事を「自分はスピーチをするには不適格だ」という中核となる思い込みに結びつける。すると、それは「自分はどうしようもなく不適格な人間だ」という思考を生み出す可能性がある。

あなたがそれらの思考を信じると、感情的な反応を引き起こす。たいていの場合、その感情的な反応とは恥ずかしさや怒り、フラストレーションなどである。

成功を阻むネガティブな思い込みを克服するためには、まず自分の思考パターンと、それを引き起こすものを見きわめる必要がある。自分について知れば知るほど、ネガティブな思考パターンを見きわめ、役に立たない思考を捨てることができる。あなたはそれを、同じ曲を何度も再生する壊れたレコードのようにみなし、やがて飽きてきて、それを聞くのをやめるはずだ。

ネガティブな感情を経験するたびに、次のことを自問しよう。

- 何がトリガーになったか？　何が引き金となり、幸せから中立的かネガティブな心理状態に変化したのか？
- そのトリガーによって引き起こされた思考とは何だったのか？

- それによってどんな気持ちになったか？　恥ずかしいか？　後ろめたいか？　イライラするか？　腹が立つか？　悲しいか？　あるいは、それ以外の気持ちか？
- それが自分にとってどんな役に立っているか？　それは目的にかなっているか？　何らかの点で助けてくれているか？
- 同じような思考を過去に何回くらい持ったことがあるか？　今まで何千回とその思考を持ったことがあるか？　過去の日記を調べて似たようなパターンを探してみよう。過去に何があったか？

ネガティブな感情が消えたら、次の3つの質問を自分に投げかけてみよう。

- 何がトリガーになったか？　――ネガティブな心理状態からポジティブな心理状態に変わった原因は何か？
- 自分の思考パターンはどのようなものだったか？　――どんな思考がその変化を引き起こしたのか？
- このネガティブな感情は役に立ったのか？　――それから何かを学んだのか、時間とエネルギーの浪費だったのか？

以上のプロセスによって、自分のネガティブな感情がたいてい役に立っていないことに気づくだろう。だからといって、それが何らかの目的を果たしていないということにはならない。適切に活用すれば、自分の内面をのぞき、そのネガティブな感情の根底にある中核の信念を検証することができる。それによって、その信念を改善することができる。

③ 新しいアイデアを一か所にまとめる。 せっかく素晴らしいアイデアを思いついたのに、それを忘れてしまった経験はないだろうか？

日記をつけることとは、自分のアイデアをすべて一か所にまとめるための効果的な方法でもある。そうすることによって、ふと思いついた画期的なアイデアを忘れないようにすることができる。

私たちは内向型として、生まれつきとてもクリエイティブで、いろいろなアイデアを思いつくことを楽しむ傾向がある。私たちはアイデアが大好きなのだ。だからたく

さん思いつけば、大きな成果をあげることができる。

ほとんどのアイデアは残念ながらなんの利益ももたらさないが、ときにはそれが人生を変えることもある。莫大な利益をもたらすビジネスにつながるアイデアを思いつく可能性もある。ベストセラーになるアイデアを持っている可能性もある。世界観がすっかり変わるアイデアを持っている可能性もある。

もしまだ日記をつけていないなら、今日から始めたらどうだろうか。

得意な対人スキルを使う

内向型の人は、少人数の集まりで話したり、一対一の会話をしたりするほうがうまくできるかもしれない。内向型の人の多くは相手の話を聞くことが得意だ。そこで、自分の性格に合った強みを生かしたらどうだろうか。きっと能力を発揮して自信がつき、幸福感が高まるに違いない。しかし、無理をして外向型のように振る舞うと、ぎこちなさを感じるだろう。

たとえば、恋人を探しているとしよう。週末になると出かけて外向型のふりをし、しばらくはうまく立ち回ることはできたとしても、いずれ疲れてフラストレーションがたまり、なんの成果も得られないかもしれない。

こういう場合、自分らしく振る舞ったらどうだろうか。自分が得意とする会話ができるほうがずっといいのではないだろうか。自分に有利な状況に身をおけば、自分らしさを発揮する機会を得ることができる。

その目的を果たすためには、オンラインデートを試してみるといいかもしれない。友人と一緒にダブルデートをしたり、カフェや図書館で新しい人との出会いを楽しんだりすることもできる。同じ関心事を共有している人とつながるためにアプリを利用してもいい。楽しくないパーティーに参加するより、似たような興味を持っている人たちと一緒に過ごすほうが快適である。

似たような興味を持っている人たちと一緒に過ごすと、スムーズに会話をすることができるし、余計な雑談をする必要がなくなる。私に関するかぎり、大好きなことについて話しているときのほうが、パーティーで興味のないことについて話しているときより人と接することがうまくできるように感じる。

瞑想を実践する

内向型の人にとって、瞑想はとくに効果がある。内向型の人は表面的には冷静に見えるかもしれないが、内面はさまざまな感情が入り乱れている可能性があるからだ。内向型の人は、ネガティブな感情の渦に巻き込まれて、そこから何日間も脱出できずに苦しんでいることもあるかもしれない。私自身、それをたびたび経験してきた。そんなときは、自分を激しく責めたものだ。

しかし、瞑想を実践すると、自分の思考から距離をおいて、それを深刻に受け止めるのをやめることができる。ストレスがたまっているときは、瞑想によって気分を改善し、集中力を高めることができる。

そんなわけで、私は毎朝のルーティンとして約30分間、瞑想を実践している。あなたにも日々の習慣として瞑想を取り入れることをおすすめしたい。一日に5分から始めてみてはどうだろうか。

根気よく取り組む能力を活かす

内向型の人は外向型の人よりも長く課題に集中する傾向がある。なぜなら私たちはすぐに満足を得ようとしないからだ。内向型の人は外向型の人ほど多くのドーパミンを必要としない。私たちは外向型の人と比べると、長期的な視点で考え、潜在的リスクを予見することが比較的簡単にできる。

根気強さはたいてい才能にまさる。内向型人間である私たちが根気強さを発揮すれば、想像をはるかに超える成果をあげることができる。かのアインシュタインの名言にもあったように、**根気よく課題に取り組む内向型人間の資質は、大きな実を結んで素晴らしい業績につながる。**

根気よく取り組む能力を発揮して夢や目標を実現し、より幸せな人生を送ろう。それは多くの可能性のひとつとして、新しいスキルを身につけてフリーランスで働くことを意味するかもしれない。

最悪のシナリオを想定し、心の準備をしておく

物事が計画どおりに進んでいないことがわかると、多くの人はがっかりしてあきらめる。2、3か月たって目に見える結果が得られなければ、別のことに乗り換えて同じプロセスを繰り返し、とくに何も成し遂げない。

目標がなんであれ、あなたは多くの試練に直面することだろう。実際、何度もあきらめたくなるかもしれない。

人びとがあきらめる主な理由のひとつは、非現実的な期待を抱いて物事に取りかかるからだ。多くの人は物事がすべて計画どおりに進むと勘違いしているが、そんなにうまくいくことはめったにない。

すぐにあきらめるのを避けるためには、目標に取りかかる前に最悪のシナリオを想定して心の準備しておくといい。「起こりうる最悪のことは何か？」と自分に問いかけよう。たとえば、副業で半年間、売り上げがなかったらどうするか？　何か月もかけて書き上げた本が1冊も売れなかったらどうするか？　こういうシナリオを想定し

ておくことは、これから数か月にわたって役に立つ。感情を交えて、その状況をイメージしよう。どんな気持ちになるだろうか？　起こっていることを受け入れ、前進し続けることができるだろうか？

実例を紹介しよう。数か月前、6年間使っていたパソコンが壊れたので、私はすべてのデータを失った。さらに悪いことに、データのバックアップをまったくとっていなかった（あなたの言いたいことはわかっている）。その結果、ずっと書きためてきた新しい本のデータと他の多くのファイルを失った。内向性に関する本のために2万5千語も書いたのに、それがすべて消失したのだ。そこで、本書を最初から書き直すはめになった。なんという悪夢だろうか。

しかし、それより前に最悪のシナリオを思い描いたとき、私は自分のすべての本とブログのすべての記事を失うことを想定していた。ありえないことだが、誰かが何らかの理由で私のアカウントを閉鎖し、ホームページがハッキングされたと想定した。要するに、現実的なシナリオではなく、最悪のシナリオを想定して、見舞われるかもしれない試練に備えたのだ。

新しい本のデータをすべて失って、ゼロから書き直さなければならないと気づいたとき、たしかに私はがっかりしたが、何日もそれについてこだわらなかった。そこですぐに作業に取りかかった。なぜなら、すでに心の中で最悪のシナリオに備えていたからだ。

では、もし試練に見舞われずにスムーズに物事がはかどると予想していたらどうなっていただろうか？　おそらくひどく落ち込んでいたはずだ。だから最悪の事態を想定して準備しておくのは賢明なことなのである。私はそれよりもずっと厳しい試練にいつか見舞われることを想定していた。すべての成功者は大きな挫折に直面するが、それは私たちも同じである。私は成功哲学者のジム・ローンが契約書を読まずにサインしたために25万ドルを失ったという話をしていたのを思い出した。彼は少なくとも貴重な教訓を学んだ。それは私も同様で、現在、ファイルのバックアップを必ずとっている。

もうひとつの質問は、どういうときにあきらめるかである。どの時点で、もうこれ以上は無理だと考えるだろうか？　それを事前に決めておくことによって、そういう状況に遭遇しないかぎり、前進を続けなければならないと自分に言い聞かせることができる。また、自分のおかれている状況を常に把握することができる。おそらくあなたは今の仕事を辞めて、内向的な性格にもっと合った仕事を探したいのだろう。もしそうなら、その目標をあきらめるのはどんな状況だろうか？　半年後か、1年後か？　何社と面接したあとか？　10社か、20社か、30社か？

大きな目標に粘り強く取り組む

多すぎる目標を設定することは、人びとが目標設定の際に犯しがちな間違いのひとつである。短期目標ならたくさん持てばいいかもしれないが、長期目標をたくさん持つのはたいてい逆効果である。複数の大きな目標に手を出すよりも、ひとつの大きな目標に粘り強く取り組むほうがずっといい。これは自制心の「筋肉」を鍛え、やがてより大きな成果につながる。

あなたは本書を活用して人間関係の改善や仕事の再設計に役立てようとしているのかもしれない。あるいは、人脈づくりがよりうまくなり、パーティーによりうまく対処したいと考えているのかもしれない。しかし、それらのことをすべて一度にしようとすると、圧倒されて、どの目標も達成できないだろう。これからの1か月間、ひとつの大きな目標にフォーカスすることによって、よりよい結果を得ることができる。

まずパートナーとの関係にフォーカスすると決意したとしよう。いったん満足のいく関係を築いたら、仕事などの別の分野に移行することができる。だからといって、人生の他の分野を改善するために何かをしてはいけないという意味ではない。ただ、努力の大半をひとつの大きな目標に注ぐべきだという意味である。

内向型人間のための目標設定

ここでは、有意義な目標設定の方法を紹介しよう。内向型人間として人生の再設計に取り組むのに役立つに違いない。

①　**目標を設定する。**その気になれば自分はどんなことでも達成できると想像しよう。もし達成したら、内向型人間としてこの上もなく幸せになれる目標とはなんだろうか？　思いついたことをなんでも書いてみよう。

②　ひとつの目標を選ぶ。もし達成したら、自分の人生に最大のインパクトを与える目標をひとつ選ぼう。そして、それを○で囲もう。それはあなたの大きな目標になる。

③　目標設定の5原則を守る。残念ながら、多くの人はあまりにもあいまいな目標を設定しがちである。目標に関するかぎり、具体的であればあるほどいい。そこで、次の5原則を守ろう。

- **具体的に示す。**自分は何を達成し、何を手に入れたいのか？
- **数値で表す。**目標に向かって進捗状況を正確に測定できるか？
- **達成可能なものにする。**その目標は実際に達成できるのか？
- **価値観に合わせる。**その目標はあなたの価値観に合っていてワクワクするか？
- **期限を設定する。**その目標を達成する明確な期限があるか？

④　目標を細分化する。長期目標の場合、それを1年ごと、1月ごと、1週間ごと、1日ごとに細分化しよう。そして、その目標を達成できるかどうかを自分に問いかけ

よう。10段階で7か8以上の自己評価が得られるだろうか？　もしそれより低い評価なら、時間の制約を見直すか目標を下げよう。

⑤ 目標を推進する少なくともひとつの日々の習慣を実行する。 毎日、目標に向かって前進するのに役立つひとつの小さな習慣を実行しよう。たとえば、私の目標は本を書くことだから、どんなことがあっても、毎日書くようにしている。私の小さな習慣は毎日少なくとも５００語書くことだ。そんなに多いように聞こえないかもしれないが、1年でほぼ20万語になる。これは普通の長さの本にすると年間４、５冊に相当する。しかも私はたいてい毎日５００語以上書いている。

あなたの日々の習慣は、徐々に勢いがついて長期目標を達成するのに役立つ。さらに、その目標を細分化することによって、先延ばしの誘惑を軽減することができる。また、日々の習慣を実行するときは、この章で紹介した効果的な練習をすることを忘れてはいけない。

エクササイズ

この章で学んだことにもとづいて、内向型人間にとって目標の達成が少しでも簡単になる方法をリストアップしよう。

第5章

内向型人間の可能性を追求する

内向型人間は才能を生かして好きなことに没頭すべきだ。あなたは厄介な問題を解決する忍耐力、陥りやすい罠を避ける判断力、地位やお金などの表面的な褒美の誘惑にかられない意志力を持っている。あなたの最大の使命は、自分の強みを存分に発揮することだ。情熱的な外向型人間に見せかけようとしてやっきになるあまり、自分の本当の才能を軽んじているのかもしれない。しかし、本当にやりたいことに集中するとき、自分がとてつもないエネルギーを持っていることに気づくだろう。

——スーザン・ケイン（アメリカの教育者、著述家）

内向型の強みを活かしたリーダーになる

あなたはあまりにも長いあいだ、自分の強みを軽んじてきた。外向型になろうとしてやっきになっていて、自分の本来の姿を忘れていたのかもしれない。

あなたはどんな外向型の人にも劣らない強みを持っている。あなたはリーダーになって周囲の人に勇気と希望を与えることができる。だからといって、それをするために外向的なふりをして声高に叫ぶ必要はない。**あなたの情熱は強みであり、アイデアは武器であり、粘り強さは発掘されるのを待っている宝物である。あなたが書く文章には説得力があり、ひとたび口を開くと重要なメッセージになる。きっと人びとはあなたの素晴らしいメッセージに感動することだろう。**

当然、あなたが力量を発揮するのは、自分の内向的な性格を活用するときである。

言いかえると、静けさを愛し、内向的な性格について謝るのをやめ、課せられた使命の遂行を決意したときだけだ。

世間には、「外向型の人はリーダーになれるが、内向型の人はリーダーになれない」という偏見が蔓延している。そういう偏見を真に受けると、自分の本当の能力を発揮する機会を逃してしまう。マハトマ・ガンジー、マザー・テレサ、ネルソン・マンデラの共通点を知っているだろうか？　この3人は偉大なリーダーだったが、それだけではない。この3人は内向型だったのだ。

内向型の人がリーダーになれないとどうして言えるだろうか。内向型の人は性格を直す必要があるとどうして言えるだろうか。私はこのふたつの思い込みのどちらも受け入れない。

私が大学院生のころ、「ビジネスマン向けのコーチングの仕事に興味がある」とクラスメートに言ったところ、彼女はなんと言ったか？　「えっ、あなたは無口すぎるわ。ろくに話もしないような人が、どうやって人を指導するの？」と言ったのだ。

つまり、私は内向型だから、人を指導するような仕事には向いていないと言いたいのだろう。内向型人間はそんな大それたことに挑戦するのではなく、ずっと家の中にこもってひとりで静かに過ごすべきだということかもしれない。

だが、内向性とはそういうものではない。私は誰からも「内向型人間はこうあるべきだ」という偏見を押しつけられたくない。あなたはどうだろうか？

内向型としての最大の試練について、ブログで人びとの意見を集めていたとき、ある人が次のように書き込んだ。

「私の知るかぎり、内向型の人が抱えている最大の問題は、変わり者でもなければ人格に欠陥があるわけでもないという事実を受け入れるのに苦労していることです。また、自分を大切にして才能を伸ばせば、やりたいことはなんでもできるのに、内向型の人はその事実を受け入れることがなかなかできないようです。

私は『筋金入りの内向型人間』というレッテルを貼られましたが、大人数の集まりで話すことが求められる営業の仕事で大きな成果をあげることができました。私は自分の仕事が大好きですが、お客さんの前で話をしてエネルギーを使ったら、そのあとで時間をとってエネルギーを補充するようにしています」

ちなみに、この男性はビジネスコーチでもある。内向型の人は他人を指導する立場にはなれないと世間では思われているが、それが真実ではない証しだ。

自分が何に情熱を感じるかを見きわめる

多くの人は自分が何に情熱を感じるかを見きわめようとせず、世間の期待に沿って人生を送りがちである。あなたは外向型として振る舞うように他人に言われたくないだろう。それでもいいと思っているなら、本書を読まないはずだ。きっとあなたは世間の期待に沿って職業を選択したくないだろう。内向型として成果をあげるためには、自分が何をしたいかを明確にする必要がある。次の6つの質問は、自分が何に情熱を感じるかを見きわめるのに役立つ。

各質問に対する私の答えを書いておくので、参考にしてほしい。

質問1　どんな人をうらやましく思うか？

これは素晴らしい質問で、たいていの場合、自分が何に興味を抱いているかを示している。

私は能力開発のブロガーをうらやましく思っていた。ある日、アメリカの哲学者で能力開発のエキスパートとして知られるレオ・グーラの動画を見たとき、すべてが明らかになった。私は「これだ」と思った。自分のやりたいことがわかったのだ。それは人びとの手伝いをするために能力開発の勉強をすることだった。これは私が2014年にブログを始めるきっかけになった。

質問2　子供のころ何をするのが楽しかったか？

7歳か8歳のころ、私は一日中、本を読んでいた。もちろん、それは児童書だったが、これは読書が大好きになるきっかけになった。

質問3　現在の仕事に就きながら、どんなボランティア活動（または副業）をしているか？

私は最初の仕事に就いていたとき、ボランティアとしてフランスの文化について日本語で記事を書き、両国の文化や国民性の違いについて日本でセミナーを開催していた。この事実は、私が執筆と心理学に興味があることを示している。

質問4　どんなテーマについて話すことがワクワクするか？　ワクワクする会話を最後にしたのはいつか？

私はさまざまな国の文化や心理学、能力開発について話すのが大好きだ。ワクワクする会話を最後にしたのは、数日前、自分のオンラインビジネスについて友人と話したときである。

質問5　どんなふうに社会に貢献したいか？

この質問を具体的に表現すると、人びとに勇気と希望を与えたいか、人びとを楽しませたいか、人びとを教育したいか、人びとを癒したいか、芸術を通じて人びとに感動を与えたいか、ということだ。

私は、人びとが何を成し遂げられるかを気づくきっかけを与える仕事が大好きだ。

つまり、人びとの能力開発のサポートである。夢や目標を実現しながら生きるのに必要なツールをひとりでも多くの人に提供するのが、私の使命だ。

質問6　独自の強みは何か？

言いかえると、あなただけがうまくできることは何か、ということだ。

私の最大の強みのひとつは、人びとの最もいいところを引き出す能力を持っていることである。私は人びとが大きな能力を秘めていることを心から信じている。たいていの場合、私は本人が信じている以上に人びとの能力を信じている。

人びとに感動を与えたいという願望は、私のもうひとつの強みである。能力開発の本や動画についてワクワクすると、私はそれを一人でも多くの人と共有したくなる。

高い学習意欲を持っていることは、私のもうひとつの強みだ。新しい情報を入手し、新しいコンセプトを理解するのが大好きなのである。学ぶことはとても楽しいし、終わりがない。

では、あなたは何に情熱を感じているだろうか？

情熱を燃え上がらせる

私たちはたいてい外向型として振る舞うように言われたくないし、自分の内向的な性格を恥じずに受け入れたいと思っている。

では、内向型というのは、どういうことだろうか？

それについてはすでに見てきたとおり、内向型の人はひとりで過ごす時間を必要としている。人がたくさんいる騒がしい環境では刺激が強すぎて疲れやすい。人と接するのが苦手で、その場で考えることが苦手である。

しかし、内向型だからといって可能性が狭まるわけではない。

たしかに内向型の人はひとりで過ごす時間を必要としているが、それを除けば、やりたいことはなんでもできる。内向性に対する思い込みのために自分の可能性を限定すべきではない。もし営業の仕事に情熱を感じるなら、その道に進めばいい。内向型の人は相手の話に耳を傾けて適切な質問をするのがたいてい得意だから、営業の仕事で素晴らしい能力を発揮できる可能性がある。

前述したアンケートに答えた人がなんと書いていたか覚えているだろうか？　彼は「営業の仕事で大きな成果をあげることができた」と書いていた。それはけっして彼だけではない。リトル博士のエピソードを思い出してほしい。彼は内向型だったが、人前で話すのがとてもうまかった。もし望むなら、あなたもそんなふうになれる可能性がある。

私たちは内向型として、自分の最大の強みのひとつは、何かに取りつかれる能力であることを認識すべきだ。大好きなことを見つけ、それに生きがいを感じるなら、不可能を可能にすることができる。逆に、ワクワクしない仕事に就いて、大好きなことを軽んじるなら、いつまでたってもうだつが上がらず、不満の多い人生を送るはめになる。

あなたは何に取りつかれているだろうか？　私はかつて、何かに取りつかれているから、人生のバランスをとる必要があると信じていた。しかし、私は人生の大半を何かに取りつかれて生きてきた。まず、それは本から始まった。子供のころ、寝室で本を読んで一日の大半を過ごしていた。次に、ビデオゲームで遊ぶようになった。その後、卓球に取りつかれた。中学と高校では、毎日、始業前と放課後に卓球の練習をしていた。そして、オンラインゲームに取りつかれた。週末は明け方までずっとゲームに熱中していたものだ。言うまでもなく、母は私の心配をした。大学では勉強に取りつかれた。そして現在では人びとの能力開発に取りつかれている。

何かに取りつかれることはネガティブなことのように思えるかもしれないが、最近、私はそれを別の角度から見るようになった。何かに取りつかれることが自分の最大の強みかもしれないと考えたのだ。そこで、それを抑圧するのではなく歓迎したらどうなるだろうかと思った。つまり、自分が情熱を感じることに没頭したらどうなるかと考えたのだ。

あなたの経験は私のそれとは違うかもしれないが、少しは心当たりがあるだろう。**要するに、自分のしていることに意味を見いだしたいという願望が、強い原動力になるということだ。実際、それは内向型としてのあなたの最大の強みのひとつなのかもしれない。**

以上の理由によって、**自分の狭い殻を破って夢を実現することが、内向型の人の生き方だ**、と私は考えている。それは自分の才能を社会のために役立てるということだ。私の意見では、それは外向型のように振る舞うことではない。もちろん、あなたは私に賛成する必要はない。結局のところ、最も大切なのは、あなたが内向型として幸せな人生を送り、後悔せずに生涯をまっとうすることである。それについては私たちの意見が一致するはずだ。

いったん内向性について理解を深め、自分の使命に集中すれば、あなたは他の人たちのお手本になることができる。人びとはあなたの自制心、集中力、情熱をうらやましく思うだろう。内向性はあなたの本来の性格だから、それを受け入れて歓迎しよう。それが自分らしさであり、それを変えようとする必要はない。

エクササイズ

次の質問に答えよう。

- 自分の情熱をわき上がらせるために、どんなスキルを開発する必要があるか?
- 有意義な人生を送るために、ふだんしていないことの中で何を思い切ってする必要があるか?

アイデアを生み出し、上手に共有する

内向型の人は雑談が苦手だが、夢やアイデアを語るのは得意だ。

ミカエラ・チョン（カナダの著述家、ブロガー）

内向型の人はアイデアが大好きだ。アイデアは私たちをワクワクさせ、活力を与えてくれる。あなたはアイデアをたくさん持っているはずだが、まだ誰とも共有していないだろう。本を何冊も読んで、膨大な量の知識を蓄えているかもしれないし、新しいことを思いつくために膨大な時間を費やしているかもしれない。

自分の洞察を日記に書きとめたり、ひとりでじっくり考えたりすることは、より多くのアイデアを生み出すための効果的な方法だ。あなたは思いついたアイデアを共有するのが得意ではないかもしれないが、それこそが内向的な性格を活用し、独自の才能を社会のために役立てることにつながる。したがって、アイデアを生み出し、上手に共有することが、私たちの使命なのだ。心理学者のウェイン・ダイアー博士が「まだ自分の中にアイデアが浮かんでいる状態で死んではいけない」と言っているとおりだ。**もし今日、あなたが死んだら、世の中はどんなアイデアを共有できなくなるだろうか。**

私はまだ自分の中にアイデアが浮かんでいる状態で死にたくない。思いついたアイデアを上手に共有し、世の中にどんな影響を与えるかを見届けたい。あなたはどうだろうか？

あなたは口頭か文章でアイデアを共有することができる。あるいは芸術を通じてかもしれないし、仕事を通じてかもしれない。だが、どんな手段であれ、人びとにアイデアを伝えるために全力を尽くそう。それが内向的な性格を活用する方法であり、才能を社会のために役立てるということだ。

エクササイズ

次の質問に答えよう。

- 思いついたアイデアを把握しているだろうか？　もしそうでないなら、そのアイデアを把握するにはどうすればいいだろうか？
- 思いついたアイデアを人びとと共有しているだろうか？　もしそうでないなら、そのアイデアを上手に共有し、社会により大きな貢献をするために、どんなことをすればいいだろうか？

自分にレッテルを貼らない

いったん内向性について理解したら、もう努力する必要はないと感じるかもしれない。「自分は内向型だから、他人と交流せず、人前で話すのを避け、できるだけ家にいるべきだ」と思い込む可能性があるからだ。だが、それは適切な態度ではない。

とはいえ、私たちは「自分の内向性の定義どおりに生きていけばいい」と思い込みやすい。前述のとおり、多くの人は間違った思い込みを抱いているから、自分に内向型というレッテルを貼ってしまうと、正しいとはかぎらない思い込みにしがみついて、成長の機会を逃すおそれがある。

いつも自分の内向性の定義どおりに生きていけると考えることは現実的ではないし、それが私たちの最大の利益になるわけではない。外向型の人が一緒に外出する相手がいないときに孤独を感じやすいのと同様、私たちは出席したくないパーティーで居心地が悪いと感じやすい。

外向型の人は社交的で幸せな人生を送り、内向型の人は孤独で不幸な人生を送っていると考えるのは間違いである。なぜなら誰もが人知れずさまざまな試練を経験しているからだ。外向型の人の多くは孤独にさいなまれ、他人とより頻繁に接していたいと願っている。**誰もがときどき不快な気分になることは避けられないということを覚えておこう。**

「なぜ内向型人間に外向型のように振る舞えと言うのか？」と反論する人もいるかもしれないが、私はそんなことを言うつもりはまったくない。人前で話したり、パーティーで多くの人としゃべったりしたいかどうかは、あなたが決めることだ。だからといって、あなたが内向型ではないという意味ではなく、自分のやりたいことをするために従来の殻を破るという意味である。私の経験では、強い目的意識を持つと、内向型としてふだんやりたくないことでも率先してすることができる。

たとえば、私は自分の個人情報を公開することに少し抵抗を感じるが、著書や動画ではそれをしている。私は人前で話したり動画を撮影したりするのは、そんなに嫌なことではないと気づいた。それどころか、その両方の活動を楽しめるようになった。というのも、より大きな目的があるからだ。ひとりでも多くの人に重要なメッセージを届けるために動画の撮影やセミナーの開催が必要なら、私はためらわずにそれをする。ただし、常にそれをしたいとは思わない。情熱を感じないことのためにそれをするのは気が進まないからだ。

最後に、引っ込み思案であることを内向性と同一視しがちだが、それは誤解である。引っ込み思案でいると、何事に対しても消極的になりやすいので、思い切っていろいろなことに挑戦し、自分の限界を試してみるといい。したいと思わなかった活動でも意外と楽しめるかもしれない。

エクササイズ

次の質問に答えよう。

内向型人間というレッテルを自分に貼ることが、成長を遂げて充実感を得るうえで妨げになると思うか？　もしそうなら、それはなぜか？

周囲の人に好ましい影響を与える

あなたは静かに世界を揺り動かすことができる。

マハトマ・ガンジー（インド独立の父）

その気になれば、誰もがリーダーになることができる。リーダーになることは、外向型の人にだけ与えられた特権ではない。もし周囲の人に好ましい影響を与えているなら、あなたはすでにリーダーだと言える。自分の人生を適切にコントロールしているなら、リーダーの資質を持っている。結局のところ、優れたリーダーとは、人びとを正しい方向に引っ張っていく人のことだ。しかし、もし人びとがあなたの行動を見て感動しないなら、どうやって彼らを導くことができるだろうか？

リーダーシップは内面から始まる。自分の心身をコントロールする能力が、影響力の度合いを決定づける。それは外向型の人だけの資質ではない。実際、多くの偉大なリーダーが内向型だった。大きな声は出さなかったが、彼らの行動は言葉よりも大きなインパクトを持っていた。ガンジーの名言を引用するなら、彼らは「自分が見たい変化を体現していた」のだ。

人びとに勇気を与えて導くことができるかどうかは、彼らがあなたをお手本とみなすかどうかにかかっている。**自分がリーダーかどうかを知りたいなら、「周囲の人に好ましい影響を与えているか？」と自分に問いかければいい。**あなたはパートナーや子供、友人、同僚に好ましい影響を与えているだろうか？　人びとはあなたを手本とみなしているだろうか？

内向型の人は素晴らしいリーダーになることができる。実際、私たちは何らかの状況下で外向型の人たちをしのぐことができる。「ハーバード・ビジネス・レビュー」の研究によると、外向型の人たちを導くうえで、内向型の人のほうが外向型の人より優れたリーダーシップを発揮した。その逆も真実で、内向型の人たちを導くうえで、外向型の人のほうが内向型の人より優れたリーダーシップを発揮した。

要するに、**あなたは内向型として、外向型の人たちと同じくらい優れたリーダーになれるということだ。**

成功を収めた内向型の人たちから学ぶ

ここでは、大成功を収めた内向型の人たちの代表例を紹介しよう。世の中で最も大きな成功を収めている人たちの中には、内向型の人がたくさん含まれていることがわかるはずだ。彼らを分析すると、内向的な性格が大成功の要因だった可能性が高い。

・ビル・ゲイツ（アメリカの実業家、マイクロソフト共同創業者）

ビル・ゲイツはふだんとても物静かだが、ビジネスへの情熱に関しては非常に熱く夢を語る。これは多くの内向型人間に当てはまる。**内向型人間は情熱を燃やすことによってエネルギッシュになり、大きな力を得ることができるのだ。**

ゲイツはスピーチの中で次のように言っている。

「内向型人間は大成功する可能性がある、と私は確信しています。もし熱心な勉強家なら内向的な性格の恩恵を受けることができるでしょう。なぜなら数日間、ひとりきりで過ごし、困難な問題について考え抜き、関連書を片っ端から読んで調べ、その分野について知り尽くすことができるからです」

・ウォーレン・バフェット（アメリカの投資家、バークシャー・ハサウェイ会長）

大成功を収めたこの世界的な投資家も内向型だ。相場の動向に興奮して無謀なことをするのではなく、冷静に計算してリスクをとれることが、彼の成功の要因のひとつだろう。多くの投資家がウォール街の近くに住んでいる中で、彼は喧騒から離れたネブラスカ州オマハのつましい家に住んでいる。

・マーク・ザッカーバーグ（アメリカの実業家、メタ・プラットフォームズ創業者）

フェイスブック（現メタ・プラットフォームズ）の創業者マーク・ザッカーバーグも内向型だ。彼は外向的な経営者たちほどの人脈を持っていないかもしれないが、本当の意味でのつながりをつくり、スタートアップの創業者に彼の会社に加わるように説得する能力を持っているのは大きな強みである。内向型として人脈の広さより深さを優先したいという思いは、彼にとって有利に働いているようだ。

ブレンダン・アイリブ（オキュラス創業者、元ＣＥＯ）は「ファースト・カンパニー」誌のインタビュー記事でこう言っている。

「マーク・ザッカーバーグがスタートアップの創業者たちに働きかけて、自分の会社に加入し、一緒に働くように説得しているという事実は、私たちを信頼してくれていることの証しだと思います。私がとくに説得力があると感じるのは、彼が一緒に多くの時間を過ごしてくれることです」

・クリスティーナ・アギレラ（アメリカのシンガーソングライター）

彼女は外向型のように見えるかもしれないが、実際には内向型である。「マリ・クレール」誌のインタビュー記事で、かなりの内向型であることを明かしている。

この事実は、内向型でも素晴らしいエンターテイナーになれることを示している。実際、私たちにとって、何らかの人物を演じたり、トークショーの主役をつとめたりすることは、とても楽しいことである。だから私はときおり人前で話すことを楽しんでいる。聴衆は私の話に耳を傾けてくれるから、とても気分がいい。

・エマ・ワトソン（イギリスの女優、活動家）

外向型のように振る舞うことが期待されている世の中で、彼女は自分に欠陥があると感じていた。外出して友達と遊ぶのが大嫌いだったのだ。内向性について学んだことで気分が安らぎ、とても勇気づけられたと語っている。

「じつを言うと、私は社交性に欠ける典型的な内向型人間です。パーティーで脚光を浴びると、いつも緊張してしまいます。それは私にとって刺激が強すぎるのです。だからそんなときは休憩をとるために、いつも洗面所に行くことにしています。私をパーティーで見かけた人はたくさんいることでしょう。でも私は大勢の人と一緒にいると不安で仕方がないのです。雑談は大の苦手で、集中力が続きません」

・マハトマ・ガンジー（インド独立の父）

ガンジーにとって、人前で長いあいだ話すことは、いつも苦痛の種だった。多くの内向型の人と同様、スピーチの準備に時間がかかった。彼は入念に言葉を選ぶ思慮深さのおかげで多くの問題を回避できた。

ガンジーはこう言っている。

「私が自信を持って言えるのは、思慮に欠ける言葉を発したり書いたりしたことがほとんどないことだ。私はスピーチや本で不適切なことを言ったり書いたりして後悔した記憶がない。おかげで多くのトラブルを避けることができ、そのために貴重な時間を浪費せずにすんだ」

・アルベルト・アインシュタイン（ドイツ生まれのアメリカの物理学者）

多くの内向型人間と同様、アインシュタインはひとりでいるときに最高の思索をすることができた。ひとりで過ごして問題に対して長時間向き合えたことが、大きな功績につながったのだ。注意が散漫にならずに特定の問題に集中することが、成功の重要な条件であることが証明された。

すでに紹介したとおり、彼は「私はそんなに頭がいいわけではなく、問題に対して普通の人より長く取り組めるだけだ」という名言を残している。

ここで紹介した人たちほどの大成功を私たちが収めることはできないかもしれないが、成長の余地がまだかなりあることは断言できる。内向型であることをハンディキャップとみなすのではなく、自分の内向的な性格を歓迎することは、社会に貢献する原動力になる。

ただし、どうやって社会に貢献するかが問題である。粘り強さを通じてか、思慮深さを通じてか、アイデアを通じてか、情熱を感じる対象に取りつかれることによってか？　それはあなた自身が決めることだ。

エクササイズ

次の質問に答えよう。

・さらに磨けば人生で最大の力になりうる強みは何か？

「ひとりが好きな人」のためのポジティブな言葉集

内向型人間にとって役に立つポジティブな言葉をテーマ別に紹介しよう。

それをふだんの生活の中で繰り返し唱えるか、それを応用して独自のポジティブな言葉をつくるといい。

ひとりで静かに過ごす

- 私はひとりで静かに過ごしたいときは遠慮なくそうする。
- 私はひとりで静かに過ごすのが好きだ。
- 自宅で静かに過ごすことは素晴らしい選択だ。
- ひとりで静かに過ごすことは、私にとって深い充実感をもたらしてくれる。
- 無理をして他人とかかわる義務はない。

・私がひとりで静かに過ごすのは、それが自分らしさだからだ。

パーティー

・私はパーティーでは自分らしく振る舞い、そのときの気分で適切に行動する。
・私は周囲の期待に無理に応えようとせず、不要なプレッシャーを取り除く。
・私は人気者になろうとせず、自然体でパーティーを楽しむ。
・本を読んで静かに過ごすことは、にぎやかなパーティーに行って社交を楽しむのと同じくらい有意義である。
・私は苦痛を感じればパーティーから立ち去るが、それについて申し訳なく思う必要はない。
・私はパーティーの途中で遠慮なく休憩をとる。
・私はパーティーに行っても、言うべきことがなければ何も言わない。これは自分の内向的な性格を尊重する私なりの方法だ。

自尊心

・私は自分の内向的な性格を誇りに思う。
・私は自分のニーズを最優先する。
・私は義務ではないことに「ノー」と言うことによって自分を大切にする。
・私は自分に何が必要かを誰よりもよく知っている。
・私は必要に応じて適度に自己主張をする。
・私は自分に正直になり、要望をうまく相手に伝える。

エネルギーを管理する

・自分のエネルギーを適切に管理することは、自分を大切にすることだ。
・私が自分のエネルギーを適切に管理することは、私自身と周囲のすべての人に恩恵をもたらす。

・私は社会に最大限の価値をもたらすために自分のエネルギーを適切に管理する。

内向性と外向性の両方を尊重する

・私は外向型の人たちに対してネガティブな感情を抱かない。
・私は内向的な自分が好きだし、周囲の外向型の人たちも好きだ。
・私は自分の内向的な性格を全面的に受け入れるとともに、他人の外向的な性格を最大限に尊重する。
・社会が成り立つためには、内向型と外向型の両方のタイプが必要だ。
・内向型は物静かで目立たないが、けっして少数派ではない。
・私がふだん試練に直面しているのと同様、外向型の人たちもふだん試練に直面している。

能力を存分に発揮する

- 私はひとたび情熱を傾けると、どんなことでも成し遂げる。
- 私は内向型だが、外向的な役割も果たすことができる。
- 私は内向的な性格を活用して社会に貢献する。
- 私は能力を存分に発揮しない生き方を拒否する。
- 私は内向型として、ひとりで上手に生きるすべを身につけている。

おわりに

本書を最後までお読みいただいたことに感謝したい。外向型の人たちが目立つ世の中で、内向型であることは困難をともなうかもしれない。そこで本書を通じて、内向的な性格に対する従来の認識を改めるお手伝いができれば幸いである。

内向的な性格は恥じるべきものではなく、むしろ誇りに思うべきものだ。内向的な性格について他人に謝る必要はまったくない。外向型の人たちからたびたびパーティーに誘われるかもしれないが、私たちはいつも自分に正直になり、自分の要望を丁寧に（しかし、はっきりと）相手に伝えるべきだ。

内向型の人たちはけっして少数派ではないことを覚えておこう。私たちはふだん物静かだし、自分の本当の性格を受け入れたがらないから、少数派のように見えるだけだ。私たちは見過ごされがちで、外向的なふりをしたがる。しかし、**私たちが適度に自己主張をし、自分の内向的な性格を受け入れて初めて、周囲にいる外向型の人たち**

は内向型の人たちに理解を示すだろう。

もしそれが現実になれば、内向性は社会の主流になるかもしれない。職場のシステムは内向型の従業員を念頭において再構築され、職場における従業員の交流の仕方は一変するだろう。プライベートでも家族や友人との関係が改善されるに違いない。私たちは内向型として独自の強みを生かし、より大きな価値を社会にもたらすように奨励されるだろう。その結果、社会は内向型と外向型の両方のタイプの人たちに対して平等に配慮するようになるに違いない。

しかし、それが実現するまで、私たちは内向型として誇りを持って生きる必要がある。**私たちは単に物静かなだけでなく、いったん何かを決意すると、素晴らしいことを成し遂げる力を秘めている。明確なビジョンを持っているから、いかなる障害も乗り越えることができる。**

多くの場合、私たちが自分に対して設定している限界は、頭の中で考えたものにすぎない。**マハトマ・ガンジー、マザー・テレサ、ネルソン・マンデラはあなたや私と同じように内向型だったことを覚えておこう。**

あなたはガンジーのように社会を変革することはできないかもしれないが、よりよい人間になるために自分を変革することはできる。具体的に言うと、内向的な性格を恥じず、できるかぎり幸せになろうと努力している自分や、持ち前の力を存分に発揮して社会に貢献するために頑張っている自分である。

ティボ・ムリス

読者のみなさまへ

本書の内容について、ぜひご意見やご感想をお知らせください。

少しでも参考になったと感じたら、アマゾンに簡単なレビューを書いていただけると助かります。

読者のみなさまのご支援は、私にとって非常に大きな意味を持っています。

どのレビューも真剣に読ませていただきます。

どうぞよろしくお願いします。

ティボ・ムリス

購入者限定特典

「ひとりが好きな人」のための
自分発見＆強み発見ワークシートは、
下記よりダウンロードできます。

URL
https://d21.co.jp/special/hitori/

ユーザー名
discover2976

ログインパスワード
hitori

※第三者への転売・譲渡を禁止します
※この特典は予告なく終了することがあります

「ひとりが好きな人」の上手な生き方

発行日　　　　2023年9月22日　第1刷

Author　ティボ・ムリス（Thibaut Meurisse）
Translator　弓場 隆
Illustrator　Studio-Takeuma
Book Designer　カバーデザイン　井上新八
本文デザイン　小林祐司

Publication　株式会社ディスカヴァー・トゥエンティワン
〒102-0093　東京都千代田区平河町2-16-1 平河町森タワー11F
TEL　03-3237-8321（代表）03-3237-8345（営業）／FAX　03-3237-8323
https://d21.co.jp/

Publisher　谷口奈緒美
Editor　榎本明日香

Marketing Solution Company
飯田智樹　蛯原昇　古矢薫　山中麻吏　佐藤昌幸　青木翔平　小田木もも　工藤奈津子　佐藤淳基
野村美紀　松ノ下直輝　八木眸　鈴木雄大　藤井多穂子　伊藤香　小山怜那　鈴木洋子

Digital Publishing Company
小田孝文　大山聡子　川島理　藤田浩芳　大竹朝子　中島俊平　早水真吾　三谷祐一　小関勝則　千葉正幸
原典宏　青木涼馬　阿知波淳平　磯部隆　伊東佑真　榎本明日香　王廳　大﨑双葉　大田原恵美　近江花渚
佐藤サラ圭　志摩麻衣　庄司知世　杉田彰子　仙田彩歌　副島杏南　滝口景太郎　舘瑞恵　田山礼真
津野主揮　中西花　西川なつか　野﨑竜海　野中保奈美　野村美空　橋本莉奈　林秀樹　廣内悠理
星野悠果　牧野類　宮田有利子　三輪真也　村尾純司　元木優子　安永姫菜　山田諭志　小石亜季
古川菜津子　坂田哲彦　高原未来子　中澤泰宏　浅野目七重　石橋佐知子　井澤徳子　伊藤由美　蛯原華恵
葛目美枝子　金野美穂　千葉潤子　波塚みなみ　西村亜希子　畑野衣見　林佳菜　藤井かおり　町田加奈子
宮崎陽子　新井英里　石田麻梨子　岩田絵美　恵藤奏恵　大原花桜里　蠣﨑浩矢　神日登美　近藤恵理
塩川栞那　繁田かおり　末永敦大　時任炎　中谷夕香　長谷川かの子　服部剛　米盛さゆり

TECH Company
大星多聞　森谷真一　馮東平　宇賀神実　小野航平　林秀規　斎藤悠人　福田章平

Headquarters
塩川和真　井筒浩　井上竜之介　奥田千晶　久保裕子　田中亜紀　福永友紀　池田望　齋藤朋子
俵敬子　宮下祥子　丸山香織

Proofreader　株式会社鷗来堂
DTP　株式会社 RUHIA
Printing　日経印刷株式会社

ISBN978-4-7993-2976-4
HITORI GA SUKI NA HITO NO JYOZU NA IKIKATA by Thibaut Meurisse